あなたならどうする？

歴史人物になってみる日本史

安達　弘

はじめに

この本は日本の歴史を〝体感〟するための本です。

歴史上の人物に「なってみる」＝シミュレーションしてみるのです。

これを「追体験」と呼ぶことにします。

追体験すると、歴史上の人物がそれぞれの場面でどう考えたのか、なぜそうしたのか、何に悩んだのか、がよくわかります。

そして、歴史はより身近になり、理解を深めることができます。

さらに、歴史上の人物の創造・葛藤・決断などを追体験することで、その内面にふれ、現在の自分にまでつながる日本人の〝心〟に気づくこともできます。

「なってみる」ための手順は以下のようになっています。

①まず、一枚の絵・写真・図表等を見て気づいたことを頭にいくつか思い浮かべてみます。
②次にその人物や時代背景の情報をコンパクトにまとめたものを読みます。
③そして①②をもとに、ある場面での人物の思考や行動をシミュレーションします。
　あなたがその人物だったらどうするか考えてみるのです。


　じつはこの①〜③の手順は、私が小学校の教師として六年生に歴史の授業をしてきた一時間の展開とほぼ同じです。この展開で歴史を教え、子どもたちの発言を聞いたり感想を読んだりするうちに、この方法は大人にも有効だと思うようになりました。

「なってみる」ことで他人ごとではなくなり、その時代の人の立場に立って考えるようになるからです。これは歴史の見方・考え方としてとても大事なことだと思います。

「なってみる」エピソードとして、古代から近現代までの歴史の中から十六の人物と出来事を選びました。人物その人自身になってみる場合がほとんどですが、その人物の時代の役人や一般の民になる場合もあります。

　十六の人物と出来事は時代順に並んでいますが、どこから読んでいただいてもかまいません。ご自分の興味のある人物からお読みください。

なお、それぞれに小学校六年生が私の授業で発言した意見や感想を入れてあります。ぜひ、ご自分のそれと比べてみてください。曇りのないまっすぐな子どもたちの意見に学ぶことがたくさんあります。また、意外にもリアルな思考をする子どもの意見に驚かれるかもしれません。

この「なってみる」体験を通して、現代の自分たちにまで連綿と続く日本人の〝心〟を感じ取っていただければ著者として望外の喜びです。

安達　弘

あなたならどうする？
歴史人物になってみる日本史

目次

あなたならどうする？
歴史人物になってみる日本史

仁徳天皇《にんとくてんのう》

二九〇～三九九年（日本書紀による）。日本の第十六代天皇。次ページの写真は、大阪府堺市堺区大仙町にある仁徳天皇陵（＝百舌鳥耳原中陵《もずのみみはらのなかのみささぎ》、大仙古墳）

なぜ仁徳《にんとく》天皇陵の建設に参加したのか

―古代・大和の人々になってインタビューに答える

古代・大和朝廷の時代。大王や豪族は巨大な墓に葬られた。
前方後円墳と呼ばれるその巨大な墓の中でも
仁徳天皇陵は世界最大の大きさをもつ。
大和の人々はどんな思いで巨大古墳の建設に参加したのか？

民のかまど

古墳と聞けば、ほとんどの人はあの鍵穴のような形をした前方後円墳を思い浮かべるでしょう。聞くところによればあの形はわが国独特のもので、卑弥呼《ひみこ》以降、各地方の豪族たちがひとつにまとまるための共通の祭祀《さいし》文化があの形に凝縮《ぎょうしゅく》され、全国に同じ形状の古墳が造られたらしいのです。

この前方後円墳の中でも最大の大きさをもつのが大阪・堺《さかい》にある大仙《だいせん》古墳です。宮内庁はこの古墳の埋葬者《まいそうしゃ》を仁徳天皇としていますが、学問的な根拠が明確ではないということで、教科書では仁徳天皇陵ではなく大仙古墳となっています（地元の堺市が発行する観光マップには「仁徳天皇陵古墳」と書かれています。また堺市博物館発行の子ども向けパンフレット「古墳のなぜ？なに？」にも「仁徳陵」とあります）。しかし、ここでは「もし大仙古墳の埋葬者が仁徳天皇だったら」ということで話を進めることにしたいと思います。

仁徳天皇陵（写真：宮内庁書陵部）

上の絵を見てください。

これは明治四十二年発行の『尋常《じんじょう》小学日本歴史巻一』のさし絵です

バルコニーのようなところに立っているのが仁徳天皇です。遠くを眺めているのがわかります。

お隣にはお后《きさき》らしき女性がかしずいています。

仁徳天皇の視線の先には煙が見えます。

この煙は何でしょうか。これは大和に住む民たちがかまどで煮炊きをしているところです。仁徳天皇はそれをご覧になっているというわけです。

このように天皇が自国のようすを高いところから見て、民の生活ぶりを見聞することを「国見《くにみ》」と言います。この絵はその「国見」のようすを描いたものなのです。

これは日本の正史である『日本書紀』に書かれた「民のかまど」と呼ばれる有名な場面です。このエピソードを読んでみましょう。

ある日のことです。いつものように仁徳天皇は高殿《たかどの》に登り、宮殿のまわりのようすをじっとごらんになっていました。天皇は家来たちを集めてこう言いました。

「宮殿の高殿に登って遠くをながめてみると、民の者たちの家から煙が出ていないことに気がついた。これは民たちが貧しくて、かまどで食事を作ることができないからにちがいない。都の中ですらこうなのだから、都の外はもっと厳しい状態になっているのだろう。そこで今後、三年間は税金を取るのをやめて、民の苦しみをやわらげようと思う」

宮殿では、自分たちもできるだけムダをなくすために、衣服やはきものは切れて破れるまで使い、食べ物は腐らなければ捨てないことにしました。また、宮殿の周囲をめぐらしている垣や家の屋根がこわれても修理はしません。夜には星が部屋の中から見えてしまうほどです。

こうして三年がたつと農作物も豊かに実り、民の生活はだんだんとよくなっていきました。そして、家々のかまどからも煙が立ち始めました。

天皇が高殿に登って見回すと家々のかまどからさかんに煙が立ち上っていました。天皇は、

「もうこれで心配ない。わたしもようやく豊かになったな」

とおっしゃいました。すると、皇后がたずねました。

「なぜでしょうか。たしかに民は豊かになりましたが、宮殿は壊れても修理できず、屋根も壊れて着ているものもぬれてしまっています。これで豊かになっていると言えるでしょうか？」

天皇はこうお答えになりました。

「家々のかまどの煙が国の中に満ちている。民が豊かになるということは自分が豊かになるということだ。民が貧しければそれは自分が貧しいのと同じだ。この国を治めるリーダーとして民こそが国の根本であることを忘れてはいけないのだ」


感動的なお話です。もちろん、この話が事実かどうかはわかりません。完全なフィクションかもしれませんし、もっと小さなエピソードを大きく脚色しているかもしれません。それは誰にもわかりません。中国の古い書物にある話を大和版に翻案《ほんあん》したものではないか、という説もあります。

しかし、ここで重要なのはこのエピソードそのものが事実かどうかではありません。大事なのは日本の古代ではこのような人物を理想のリーダーとして考えていた、という事実です。

古代の日本人が民のことを第一に考えて行動する為政者を理想のリーダーと考えていたからこ

そ、正史にこのエピソードを書き残したのです。

では、前方後円墳についての情報を得て、「民のかまど」のお話を読んだところで歴史を体感するシミュレーションへと進みましょう。

古代・大和朝廷時代のごくふつうの民たちが巨大古墳建設にどんな気持ちで参加したのかを追体験を通して考えてみます。

■シミュレーション

古代・大和の人々になってインタビューに答える

ここでは古代・大和朝廷が治める国に住む一人の住民になってもらいます。

今からわたしが創作した古代の旅人の日記を読んでもらいます。古墳時代に朝鮮半島の百済《くだら》から大和に来た旅人がどんなことを考えたのか？　を想像して書きました。

この旅人が巨大古墳の存在に驚き、大和の人々にインタビューします。みなさんは仁徳陵の建設に参加した一人としてそのインタビューに答えてみて下さい。

今から一五〇〇年以上前の人々の思いを想像してみましょう。古代・大和朝廷時代に生きた人々の姿が見えてくるはずです。

大和の国に来た旅人の日記・古墳に驚く編

◆四月二十五日　小雨
ようやく着いた。自分の国・百済を出発して船に乗り、九州というところに着いたのだ。めざす大和の国はまだまだ遠い。ここで大和の国の役人と仲良くなり、いっしょに行くことになった。次に船で航海する海は瀬戸内海というおだやかな海らしい。一安心だ。

◆四月三十日　快晴
船にゆられて数日。船から大和の国が見えてきた。最初に目に飛び込んできたのは山のように巨大な建物だ。太陽の光を反射してピカピカ光っている。船に乗っていた男にたずねると「あれは神聖な大王の墓だ」と言う。それにしてもよくこんなにも巨大なものを作ることができたものだ。

船を下りるとそこはたくさんの人が行き交う大きな町だった。百済や新羅《しらぎ》にも大きな町があるが、それと同じぐらいにぎやかな町だ。いつのまにこんなににぎやかな国になっていたのだろう。もっと驚いたのは船の上から見たあの巨大な墓だけでなく、他にもいたるところに大きな墓があることだ。こんなに大きな建造物をたくさん作っているとは、この国は思っていた以上の力を持った国だ。

◆五月一日　晴れ

これらの墓は大王のものだけでなく、豪族のリーダーたちのものもあるらしい。だから、たくさんあるわけだ。さらにあのいちばん大きなものは、この国のいまの王である仁徳という王のものだという。どうやら身分の高さによって大きさが変わるようだ。

◆五月二日　晴れ

墓のなぞは深まるばかりだ。墓は○と△が組み合わさった不思議な形をしている。なぜみんな同じ形をしているのか？　この形の墓は大和だけではなくほぼ全国にあり、国中の豪族のリーダーが大王と同じ信仰を持ち、大王の仲間であることの証拠だという。仲間同士で、モノの売り買いや戦いのときなどにいろいろと協力し合っているらしい。豪族たちは助け合うことで、お互いに治めている国を豊かにしているのだろう。

◆五月三日　晴れ

なんと幸運なことに、あの友だちのはからいで、巨大な墓の敷地に入る許可がおりた。墓の上に登ってみると、まわりには「はにわ」という素焼きの壺のようなものが並べられている。○の部分には四角に区切られた場所に人や動物、家や兵士のはにわもおかれている。ここは儀式をする場所だ。巨大な墓はたんなる墓ではなく、神に祈るための場所らしい。いまの大王が死ぬと神になる。そして、生きている王が政治をして民を助け、死んだ王が神になり地震、日照り、台風などの天変地異から民を守る仕事をするらしい。

◆五月四日　曇り

現在の王である仁徳の墓は完成に十五年かかったという。工事に参加した人は一日に約二千人。十五年間でのべ六百万人が働いたことになる。しかも、いろいろな職業の人がいる。その人たちがくらしていくために商売をする人が、さらにたくさん集まって大きな町ができたのだろう。巨大なものを作ることと、この国の発展は関係がありそうだ。

◆五月五日　曇り

この国は巨大な墓を作るのに必要な高度な土木技術も持っている。聞くところによればはにわづくりの技術は、わたしたちの国から来た渡来人が伝えたのだという。自分の故郷が役に立っていると聞いてうれしい。それにしても、この国の人たちは、他の国から学ぼうとする気持ちがとても強い。大和には渡来人の子孫もたくさん住んでいるらしいが、ここに住みたくなる気持ちもわかる。こんなに発展している新しい国で自分の力をためしてみたいと思うのだろう。

さて、巨大な墓に興味をもったこの旅人は、大和朝廷の役人や工事に参加した人などにインタビューしました。

質問はひとつです。

「あなたはなぜ、仁徳天皇の巨大な墓づくりに参加しようと思ったのですか？」

いろいろな答えが考えられます。

この当時の人になったつもりでたくさん考えてみて下さい。


インタビューへの答えにはどんなものが考えられるでしょうか。

小学生が考えたものを見てみましょう。

大別しておおよそ六つのタイプの意見が出されました。

①恩返ししたい
「仁徳天皇にはいつもお世話になっていたが、お礼もできないので、恩返しとして参加したいと思いました」

「仁徳天皇が国を豊かにしてくれたから、その恩返しがしたい」

「仁徳天皇は、すごくやさしくて、自分のことよりも私たち民のことを心配してくださった。だからこそ、その恩返しのつもりで、仁徳天皇の墓を造ろうと思った」

「大王の墓が造れるなんて光栄だ」

「仁徳天皇のことを尊敬しているので、亡くなってしまったから、〝ありがとう〟の気持ちをこめて天国に行って欲しい」
「こんなえらい人のお墓を造れるなんて、とてもすばらしいことです」

以上は、民のかまどのエピソードに素直に反応した意見と言っていいでしょう。

②神になって助けて欲しい
「仁徳天皇が亡くなって神になったとき、もしかするとこの古墳を造ったお礼としてなにかあったときに助けてくれるかもしれないからです」
「亡くなった人は神になるのだから、墓づくりに協力すれば自分がピンチになった時、神が手をさしのべてくれるかもしれないから」
「いまの大王が死ぬと神になり、地震や日照りや台風などから私たちを守ってくれると思う」

どうやら現在の古代史学の見解では、この②がもっとも「正解」に近いようです。
前方後円墳を研究している広瀬和雄さんは、次のように述べています。

「豪華な副葬品を死者に副《そ》えるという行為に、特定の意味がもたされていたのだが、それは〈死した首長にもうひと働きしてもらおうという共同の願望〉を体現したものであった。」(『古墳時代像を再考する』同成社　一三八ページ)

「中小河川流域などを領域とし、首長と農民層で形成された農耕共同体と、首長同士がつくった支配共同体(首長層)の二つの共同体は、食料増産や非自給物資の交易などの役割は現実の首長、すなわちいま生きている新しい首長が担《にな》い、自然の脅威《きょうい》など不可知の領域にたいしては、カミと化した死した首長が対応するといった共同幻想が、古墳時代前期には広く醸成《じょうせい》されていた。すなわち、古墳時代の共同体の繁栄《はんえい》は二人の首長で保証されるとの共同幻想が敷衍《ふえん》されていたのだが、そのイデオロギー的道具立てが前方後円墳だし、それが見せる共通性の実質なのであった。」(同一三八ページ)

古代の人々は、現在の生きている王と死んで神となった王の二人によって自分たちは守られていると考えていたようです。

その神になった王の象徴が古墳というわけです。

この②の意見も「民のかまど」のエピソードと関わっていると言えます。永遠に自分たちを守って欲しいと思うほどの善政をした王だからこそ、民によって神になれるのです。

③好奇心
「たくさんの人と協力してなにか作りあげてみたい」
「世界一の墓を造ってみたい」
「自分の名をあげたい」
「どのくらいのことができるのか、自分をためしたい」
「人生で一度でもいいので、大きなことをなしとげてみたい」
「みんなの役に立てればみんなもうれしいだろうし、自分も役に立っていると考えると気持ちがいい」

④給与
「ぼくの家は貧しくて、たくさんお金をかせがなくてはならないので古墳づくりに協力しました」

「いまの職業では家族を支えることができないから、墓づくりに参加しました」

⑤国づくりに参加したい
「国をもっと強くしたい」
「大和も有名になるから」

⑥技術を学びたい
「工事に参加して技術を身につけたい」

③〜⑥は現代の巨大プロジェクトに参加している人ならきっとこんな理由を述べるような気がします。子どもらしい未来志向の考え方です。

なお、授業の中で意見を出し合う子どもたち同士に面白いやりとりがあったので、紹介したいと思います。

ひとつめはある子どもが「古墳づくりは一石二鳥だと思う」と発言したのがきっかけでした。この子は、

「仁徳天皇はいい人だから工事に参加すれば恩返しができて、それに神になってもらって自分たちを助けてもらえるから一石二鳥だと思う」

と発言したのですが、すると、

「いや、一石三鳥でしょ。だって、お金も貰えるんだし」

「四鳥じゃないの。いろいろな技術を学んで、次の墓づくりにも生かせると思う」

と続いたのです。

教室全体に「古墳づくり」っていいことだらけだね、という雰囲気が広がりました。拡散的な意見が出てくるように問うことが、いかに大事かが分かります。

一般的な授業では「なぜ古墳を造ったのか？」という問いはよくありますが、たいていは「大王や豪族が自分の力を示したかったから」という「正答」が出てエンディングとなります。こうした問いでは、子どもたちに底の浅い歴史観しか持たせることができないと感じます。

もうひとつは、これもある子が「家族を支えるために工事に参加した」と発言したので、これ

と同種の意見を書いていた別の子を指名して「ぼくの家は貧しくて、たくさんお金をかせがなくてはならないので古墳づくりに協力しました」と言う意見を発表させたときでした。するとも「なんかそれって純粋じゃないよ」という声が上がりました。

私は「純粋じゃないということではないよ」と、この意見の状況設定の面白さをほめて「こういう人も古代の大和にはいたかもしれない」と話しました。

「純粋じゃない」と発言した児童は、「民のかまど」のエピソードに大きなインパクトを受けているのだと思います。つまり、民のために尽くしてくれたリーダーに恩返しするのは、私心なく行われるべきだ、と考えたのです。これはこれで素晴らしい考え方です。しかし、生活のために仕事をすることも尊い行為です。

ここで考えさせられたのは、歴史教育は公民教育でもあるということです。「為政者とは民のことを第一に考えて行動するもの」という理想を十二歳という「純粋」な心の時代にしっかりと教えるべきだ、と思います。これは古代においても、民主主義の現代においても、変わらない不変の理想です。子どもたちは古代のリーダーについて考えながら、現代における政治と社会についても学んでいると言えるでしょう。

わが国初の理想の政治家

『日本書紀』にある「民のかまど」のエピソードは日本人が持っている政治リーダーの理想像を描いています。つまり、仁徳天皇は日本で最初の「理想の政治家」として記録されているということになります。

さて、仁徳天皇は、世界最大の面積をもつ古墳の被葬者としても伝えられていますが、一般的には仁徳天皇陵とは呼ばずに、大仙古墳と呼ばれていることは前にもふれました。学問的な観点からこう名付けられるのは理解できます。しかし、私は歴史教育においては「伝承」であることを前提にすれば、仁徳天皇と大仙古墳を結びつけることに問題はないと考えています。

ところで、明治期に来日したイギリス人にウィリアム・ゴーランドという人がいます。ゴーランドは、大阪の造幣局に勤務しながら日本各地の古墳を調査しました。ゴーランドの調査は近畿地方はもとより九州や東北にまで及んでおり、その実証的な古墳研究は現在でも通用すると言われています。

そのゴーランドが大仙古墳について次のような言葉を残しています。

「この驚嘆《きょうたん》すべき築造物は、疑いもなく、天皇の慈悲《じひ》深い支配を身をもって感じた人民によって築かれたものである。」（『日本古墳文化論―ゴーランド考古論集』創元社一四一ページ）

おそらくゴーランドは『日本書紀』の「民のかまど」のエピソードを読んでいるはずで、それがあの巨大な大仙古墳と結びついたのだと思われます。

ちなみに文部科学省が示している小学校学習指導要領の社会第六学年「内容（2）ア（ア）」には次のようにあります。

「狩猟・採集や農耕の生活、古墳、大和朝廷（大和政権）による統一の様子を手掛かりに、むらからくにへと変化したことを理解すること。その際、神話・伝承を手掛かりに、国の形成に関する考え方などに関心をもつこと。」（文部科学省『小学校学習指導要領』平成二十九年三月）

歴史の学びにおいて神話・伝承は重要な役割を持っていると言えるでしょう。

聖武天皇《しょうむてんのう》

七〇一〜五六年。第四十五代天皇。仏教を厚く信仰し、国分寺・東大寺を創建。盧舎那《るしゃな》仏像（大仏）建立《こんりゅう》の詔《みことのり》を発せられた。七五二年に大仏開眼式が行われた。

大仏づくりへの参加を呼びかけるキャッチフレーズ

——聖武天皇の広報担当になってオールジャパンをめざす

地震、台風、伝染病、凶作など災害が頻発した奈良時代。
聖武天皇は「魂」の大仏造営でこの国難を乗り越えようとした。
日本人すべての力を結集させるために、
どんな言葉でその心を民に伝えるべきなのか？

聖武天皇はひ弱か？

あの巨大な奈良の大仏の造営を命じたのは聖武天皇です。しかし、みなさんは聖武天皇という名前を聞いて、その人物像をイメージできるでしょうか。

東大寺の大仏なら教科書で一度は見ているでしょうし、修学旅行や観光で訪れている人も少なくないでしょう。ですが、大仏はイメージできても、それを造った聖武天皇をイメージできる人はほとんどいないのではないでしょうか。私も自分の周囲の数人に聞いてみましたが、みんな「まったく思い浮かばない」と言っていました。

仮に、ぼんやりとしたイメージが浮かんだとしても、それはいかにも「ひ弱」というマイナスなものであることが多いようなのです。

森本公誠《こうせい》さんはこう言っています。

盧舎那仏坐像（東大寺）

「聖武天皇がひ弱で優柔不断《ゆうじゅうふだん》な人物だというのは、実は皇国史観の呪縛《じゅばく》から解き放たれた戦後の日本史学界の動向に遠因があろう。唯物史観《ゆいぶつしかん》への雪崩《なだれ》を打つような論調のなかで、天皇制否定論ともあいまって、天皇の治績《ちせき》を否定的に論じることが流行のようになっていた。教育界に与えたその影響は大きく、たとえば中学生の修学旅行を引率してきた教師が大仏殿に来て、「先生は入らないが君たちは二百万人もの人民を酷使してつくった大仏をよく見て来い」といって、出口で待つといった調子である。」（森本公誠《もりもとこうせい》『聖武天皇　責めはわれ一人にあり』講談社　二二ページ）

森本さんはさらに以下のように続けています。

「筆者は十五歳で入寺し、東大寺に籍を置く身である。つねづね、ひ弱で優柔不断な人間がどうしてこのような大仏を造ることができたのか、と素朴《そぼく》な疑問をいだいてきた。」（同二二ページ）

たしかに巨大プロジェクトを発想するような人間が「ひ弱」で「優柔不断」だとは到底思えません。

左の年表は聖武天皇が位についてからの十七年間の年表です。これを見て気づいたことはないでしょうか。

神亀《じんき》元（七二四）年	聖武天皇が位につく
天平《てんぴょう》二（七三〇）年	雨が降らず日照りが続き、作物が実らない 役所に落雷・雷雨及び火災
天平四（七三二）年	雨が降らず日照りが続き、作物が実らない *政府から使者を出して雨乞いのために神に祈る *お年寄・身寄りのない人に食料を援助する 七月一五日　地震発生 八月四日　台風襲来 八月二七日　台風襲来　人家・寺が多数倒壊《とうかい》
天平五（七三三）年	飢饉《ききん》が全国にひろがる *稲を無利息で貸し出す *食料などの緊急《きんきゅう》支援物資を送る

天平六（七三四）年	四月七日　大地震発生　家屋倒壊・死傷者多数 ＊被害状況を調査する ＊稲を無利息で貸し出す ＊税金を納める期限を延期《えんき》する
天平七（七三五）年	伝染病（天然痘《てんねんとう》）が流行　死者多数 作物が実らず凶作 ＊災害がなくなるように各寺で仏に祈る ＊お年寄・障害者・身寄りのない人に食料を援助する
天平八（七三六）年	作物が実らず凶作
天平九（七三七）年	伝染病（天然痘）が再び流行 死者一〇〇万人以上　全人口の約三〇％が死亡 朝廷の大臣たちも伝染病で死亡者多数

天平一三（七四一）年	＊国分寺を全国に建てるように詔《みことのり》を出す

この年表は、宇治谷孟《うじたにつとむ》『続日本紀（上）全現代語訳』（講談社学術文庫）等をもとに作成しました。

まず気づくのは自然災害の多さです。

地震、台風、日照りによる凶作が頻発《ひんぱつ》しています。地震や台風の恐ろしさは現代の私たちにもよく理解できます。雨が降らずに水不足が生じることも、よく報道されます。こうした自然災害によって、現代でさえ多くの生活上の問題が生じているのですから、千年以上前の人たちにどれほどの脅威《きょうい》を与えていたのか、想像に難《かた》くありません。

さらに、伝染病の流行が目にとまります。とくに天平九年は百万人が亡くなっています。当時の全人口の三分の一に当たるというのですから驚きです。もし、現代で全人口の三分の一が亡くなってしまったらあらゆる産業、そして行政機関が動かなくなり、日本国そのものが立ち行かなくなってしまうでしょう。

聖武天皇は、一国のリーダーとしてこのような危機的な状況を十七年間に渡って経験していたということです。ひ弱なリーダーならとっくにリタイアしています。

次に気づくのは救援策です。とくにお年寄り・障害者・身寄りのない人への食料援助には驚きます。千三百年前でもこのような社会的弱者への救援策が行われていたことに感動すら覚えます。

もうひとつは神仏への祈願《きがん》、そして国分寺の建立《こんりゅう》です。神様・仏様を本気で信じていた当時のことですから、これも重要な救援策です。

大仏建立の目的を、当時のこのような情勢に照らして考えてみることが大事です。

教科書でも災害や疫病について触れてはいますが、その規模や深刻さについての記述はほとんどありません。当時の災害の具体的な情報を伝えないと、聖武天皇の大仏建立の動機は理解できません。とくに全人口の約三十%が死亡した疫病《えきびょう》（天然痘）についての情報は、大仏建立を考えるときに重要でしょう。

それにしても、この当時の災害について調べてみると、現代の日本人が経験した東日本大震災と重なって見えてきます。この未曾有《みぞう》の災害と奈良時代の災害・疫病を、同じ民族が経験した「国難」として意識すると、当時の人々と同じ目線を持つことができるのではないでしょうか。

大仏建立の詔を読んでみる

聖武天皇は、位について十年が過ぎた天平六（七三四）年七月十二日に「詔《みことのり》」を出しました。「詔」とは天皇が自分の心を表してみんなに伝えるものです。

「わたしが民を治めるようになってから、十年がすぎた。だが、日照りが続き地震が起こり、飢《き》餓《が》によって人々の心が荒れてしまい、犯罪が増えている。こうなってしまったのは、わたしの指導力がたりないからである。

責任はすべてわたし一人にある。民にはなにも責任はない。

そこで、犯罪を起こした者に自分の力でやり直すきっかけをつくるために、罪を許し釈放する。ただし、法律に決められている重大犯罪者（殺人犯・強盗犯・誘拐犯など）をのぞく。」

何という責任感でしょうか。繰り返しになりますが、これがひ弱なリーダーの言葉とは思えません。

災害が続き、悩んでいた聖武天皇は河内《かわち》（いまの大阪）にある知識寺というお寺に立ち寄り、一体の仏像と出会いました。

聞くところによれば、この寺と仏像は貴族や豪族がお金を出して造ったのではなく、この周辺に住む民たちがそれぞれわずかなお金を持ち寄ったり、みんなで仕事を分担して建てたものだというのです。

聖武天皇は感動しました。

「これだ！　これと同じように大きな仏像を全国の民と一緒に造ろう。そうすれば……」

こうして天平十五（七四三）年十月十五日に大仏建立の詔が出されました。全文を読んでみて下さい。


「わたしは天皇の位についてからというもの、この世に生きているものすべてを助けようと心がけ、慈《いつく》しみの心をもって民を治めてきた。そのわたしの心は国中に伝わっていると思う。しかし、仏の教えのありがたさはまだまだ国中に行き渡っているとは言えない。そこで、仏の教えの力で天地が安らかになり、この国の未来にも残るりっぱなことを成しとげて、生きるものすべてが栄えるようにしたいのだ。

わたしは、金と銅で大きな仏像をつくろうと思う。国中の銅を集めて大仏をつくり、山を削ってお堂を建てるのである。この大仕事のことを広く国中に呼びかけて、賛成してくれる者を仲間とし、最後には全員が仏の教えで救われるようにしたい。

いまの世の中の富と力を持っているのはわたしだから、わたしが大仏をつくろうとすれば簡単にできるだろう。しかし、それでは大仏をつくる本当の意味が成しとげられたとは言えない。魂の入っていないただの形だけの仏をつくることになってしまう。

また、この大仕事を行うにあたって心配していることがある。それは、この国の民に苦労をさせるだけになってしまい、仏の教えもわからないままに終わってしまうのではないかということである。

そこで、わたしの仲間として大仏づくりに参加する者は、誠実な心で仕事をして、幸せをつかみ、一日に三回は心の中で仏を拝《おが》んでほしいのだ。

これに自分からすすんで賛成する者は、その気持ちを大事にして大仏づくりに参加してほしい。もし、一本の枝、ひとつまみの土などのわずかなことでもすすんで仕事に参加したいという者がいれば喜んで受け入れたい。

なお、役人たちに言っておく。この仕事を理由にして民の財産を取ろうとしたり、税金を高くしようとしてはならない。このことは国中すべてに伝えるようにしなさい。」

大仏づくりはオールジャパンで、という聖武天皇の思いが伝わってくる文章です。J・F・ケネディの「国があなたのために何をしてくれるかではなく、あなたが国のために何ができるかを考えようではありませんか」という言葉すら思い起こされます。

では、ここからがシミュレーションです。

民たちの力も借りて国難を乗り越えたい、と考える聖武天皇の熱い思いを追体験してみましょう。大仏づくりの真の意味が感じられるはずです。

■シミュレーション

聖武天皇の広報担当になってオールジャパンをめざす

あなたは、奈良時代の聖武天皇直属の広報担当、という設定です。

聖武天皇の詔を読んだあなたは、大仏づくりの仕事に全力をつくすことを決意しました。「聖武天皇の気持ちを正しく伝えたい。そして、大仏づくりにできるだけ多くの民が参加してほしい！」

と思ったあなたは、より多くの民に参加を呼びかけるための、キャッチフレーズを作ることにしました。

キャッチフレーズとは、宣伝に用いられる短い文のことです。短い文でわかりやすく魅力を伝えます。その後に、民へのよびかけの文章を書いてみましょう。

思いつかない人は以下のＣＭの例を参考にして下さい。

例１：すぐおいしい、すごくおいしい

—こんなにおいしいものがたった三分でできるなんて、驚きです。ぜひ、みなさんも食べてみて下さい。

例２：ココロも満タンに

—燃料がなければ車は動きません。でも、人間だって幸せな気持ちがなければやる気が起きません。やさしい心で待ってます。

例3：ありがとう。いい〜くすりです
―体調が悪いときはこの薬をどうぞ。きっと痛みをとってくれます。いい薬だと言ってもらえるように作っています。

例4：そうだ、○○へ行こう
―毎日お仕事ごくろうさまです。のんびりしたいなあ、と思っているあなた。旅行に行きましょう。行くなら美しい自然とすてきな人がいる町が最高です。

小学生が作ったキャッチフレーズを紹介しましょう。

①大仏最高！
―国が危ない！　大仏づくりに参加して国を救う救世主になろう!!　聖武天皇の言葉「大仏を造って国を救って下さい」

②やる気魂
―やる気のある人だけでいいです。無理矢理来なくてもいい。でも、造るのであれば魂の入ったものを……。さあ、大仏を造ろう。一つまみの手伝いでも……。みんなでのりこえよう。

③すくおう、その手で、この国を

―この国は激しい災害や日照りが続き、民は苦しい生活を続けています。苦しんでいるのはあなただけではないのです。あなたのその手で国をすくいませんか？ぜひ大仏づくりにご参加ください。力をかしてください。

④ひとつまみの幸せ

―皆で力を合わせれば、あっという間にすぐ完成。枯れ木も山のにぎわいです。ひとつまみひとつまみとコツコツコツコツ続ければ、やがていつかは完成し、大きな幸せをつかめます。

⑤ありがとう聖武天皇

―民のみなさん。聖武天皇は自分のために大仏を造るのではありません。民のみなさんのために魂をこめて大仏を造りたいのです。どうですかみなさん。聖武天皇だけでなく民のみなさんのためにも大仏を造りませんか。

⑥日本を変えよう！

―聖武天皇と一緒にこの日本を変える大仏づくりに参加しませんか？きっとあなたの生活も豊かになるでしょう。

⑦形だけではだめだ
―聖武天皇はこの世に生きているもの全てを助けようと心がけています。大仏は聖武天皇だけでも造れるけれど魂が入りません。魂を入れましょう。

⑧小さいことから
―一本の枝、ひとつまみの土でもいいから力をかして下さい！　どんなに小さいものでもコツコツとがんばりませんか？　そして聖武天皇と一緒に大仏を完成させよう！　日本を変えるために‼

⑨日本を救おう
―あなたが参加すれば日本が救われる。救いたい人は心をひとつに大仏づくりに協力すれば救世主になれます。

⑩そうだ大仏をつくろう
―大仏づくりに協力して仏様の力をかりて幸せをつかもう。枝一本だけでもＯＫ

⑪大仏造りますか、人間やめますか
―大仏を造らなかったら天然痘、台風、地震、餓死……。死んでからでは取り返しがつきません。

これらはもちろん想像の世界でしかありませんが、子どもたちの作ったキャッチフレーズを読んでいると、ほんとうに奈良時代の役人がこんな言葉を使って大仏づくりを説いて回っていたのではないかと思ってしまいます。

大仏造りで朝廷と協力した行基《ぎょうき》の一行もこんなセリフで民衆に語りかけていたかもしれません。大仏造りが全国に広がっていくイメージがわいてきます。

オールジャパンで大仏は完成した

天平十七（七四五）年八月二十三日に東大寺での大仏造りが始まりました。

この日、聖武天皇はみずから着物のそでに土を入れて運びました。それにならって皇后や聖武天皇の娘、位の高い女性たち、政府の役人たちも土を運んで大仏の土台を造ったと言われています。

そして、河内（いまの大阪府）の豪族がお金を寄付し、越中（いまの富山県）の豪族がお米を寄付したのをきっかけに、各豪族が次々と寄付の名乗りを上げはじめました。

さらに、それまでは朝廷と対立していた僧の行基とその弟子たち約三千人も大仏造りに協力することになりました。

いったいどれぐらいの人たちがこの大仕事に参加したのでしょうか？『東大寺要録』という本にその記録が残っています。

①お金を千貫以上寄付した人　十人
②それ以外にお金を寄付した人　三七万二〇七五人
③材木を寄付した人　五万一五九〇人
④労働に奉仕した人　一六六万五〇七一人
⑤仕事としてやとわれた人　五一万四九〇二人

合計すると二六〇万三六四八人の人が大仏造りに協力したことになります。これは当時の人口の約半分です。のべ人数として記録されている可能性もありますが、いずれにしろすごい数の人が協力したのは間違いありません。

現代の日本では東日本大震災からの復興を日本人全員の力で進めています。それと同じように奈良時代の人たちも国難を乗り越えるために聖武天皇をリーダーにしてオールジャパンで大仏造りを進めたのだと言えるでしょう。

力強いリーダーを中心にまとまる国民の姿は国の理想の姿と言えるでしょう。

■子どもたちの感想

＊聖武天皇のやる気の強さはすごいと思いました。そして、たくさんの人が集まって大仏ができたんだと思うと、やっぱりすごいと思います。これからは自分もみんなのために動きたい。

＊聖武天皇は民を一番に考え、魂をこめた大仏を造ろうとしました。この行動に感動です。自分だけでは意味がない、民みんなで造ろうというのがきっと本当に大仏が力をはっきしてくれるきっかけになっていくのではないかと思います。

＊信頼できるリーダーがいないとこういうプロジェクトには参加できません。聖武天皇が頼れる人だから、私たちの国を救ってくれたから、みんなが協力してくれたんだと思います。協力って本当にいいものですね。

＊聖武天皇は自分より民を優先できるすばらしい人なんだなと思いました。聖武天皇は民から絶大な信頼を得ていたことがわかりました。

藤原道長《ふじわらのみちなが》

九六六〜一〇二七年。平安時代中期の貴族。娘たちを入内《じゅだい》させて天皇の外戚となり、摂政《せっしょう》として権力を独占して藤原氏の全盛期を築いた。

その時に見た夢は・・・

―平安貴族・藤原道長の夢分析をしてみる

豪華な寝殿造、美しい十二単、貴族たちの恋愛模様。遊んで暮らす平安貴族というイメージは本当なのか？絶頂期をむかえる藤原道長の心の内面に迫ってみると、本当の貴族の姿が見えてくる。

平安貴族はうらやましいか

平安時代の貴族と言えば豪華な寝殿造の邸宅が思い浮かびます。教科書などで見た貴族の屋敷の絵を思い出して下さい。広い庭に大きな池があり、舟が浮かんでいる絵です。舟遊びをしたり、蹴鞠《けまり》をしたり、池に突きだした釣殿から釣り糸を垂らしたり、うらやましい夢の「マイホーム」です。

さらに「源氏物語」のような貴族を主人公にした作品が生まれたのも平安時代ですから、貴族たちは恋に遊びに贅沢三昧の生活だったのだろうな、と「遊んで暮らす貴族」というイメージが強いのではないかと思います。

しかし、実際はそういうことではないようです。

倉本一宏さんは次のように述べています。

「一般に平安時代の貴族たちに対する理解というのは、彼らが遊宴と恋愛のみに熱意を示し、毎日ぶらぶら過ごしていた、というものであろうと思われる。しかしながら、それは主に、女流文学作品に登場する男性貴族たち（象徴的には光源氏《ひかるげんじ》）の姿を、現実の平安貴族の生活のすべてと勘違いしてしまったことによる誤解である（光源氏の権力闘争の熾烈《しれつ》さは、『源氏物語《げんじものがたり》』を少し読み込めば容易に読み取れるのであるが）。仮名文学を記した女性たちにとっては、男というものは自分たちのいる場所に夜になると遊びに来る生物なのであり、その世界においてしか知らない。」（『藤原道長の日常生活』講談社現代新書四六ページ）

また、倉本さんは貴族たちに対して、

「彼らにはめったに休日もなく、儀式や政務は、連日、深夜までつづいていた（もちろん、サボる人はいたが）。しかも、現代のようにさまざまな職業や職場があったわけではない彼らにとっては、中央官人社会における栄達だけが、子孫を存続させる唯一の方途《ほうと》だったのである。（中略）「あんたら寿命が短いんやから、もっと遊びなはれ」と呼びかけたくもなる。」（同四七ページ）

と同情しています。

つまり、外側からは分かりにくい貴族の本当の姿を実感することが、平安時代という時代を理解する上で重要だということが言えるでしょう。


次ページの絵を観察してみて下さい。

右にいるのが道長です。

道長はどうやら庭を見ているようです。

その視線の先には一艘の舟があります。

その舟の先端には鳥のようなものがあります。鳳凰《ほうおう》でしょうか？

よく見ると下の方にもうひとつ龍のようなものもあります。

どちらもオレンジ色の服を着た人が棒のようなもので操舟しています。

建物のすぐそばに舟が来ていますから、ここはあの豪華な貴族の邸宅なのでしょう。

道長はわざわざ縁側まで出てきて舟を見ているようです。

ここは藤原道長の自宅・土御門第と呼ばれたところです。

じつは近々、大事なお客様が来るのでおもてなしの準備中です。池に浮かんでいる二艘の舟は道長が新しく注文したもので、それがちょうど届けられたところなのです。

道長は注文していた舟のできばえに満足しているようすです。

紫式部日記絵詞《えことば》（大阪・藤田美術館蔵）

　ところで、そのお客様はなんと天皇陛下なんです。このときの一条天皇は道長の娘のお婿さんです。じつは生まれてくる自分の子どもの顔を見に奥さんの実家に来るわけですが、道長の孫は天皇の子どもということになります。

　あなたの家に天皇陛下がお客様で来るとしたら必死で大掃除するでしょう。お花も飾るでしょうし、もしかしたらカーテンを買い替えたりするかもしれません。道長が舟を一、二艘新調しても驚くにはあたりません。

　それにしても天皇陛下が自宅に来るとはさすがは藤原道長です。自分の子どもの顔を見に来るなら当たり前だと思うかもしれませんが、これは異例のことだったそうです。

藤原氏と摂関政治

七九四年、いまの京都に平安京という都がつくられました。この後、約四百年間が平安時代です。都が平安京に移ったころから、天皇が政治の場で強く意見を言う必要がなくなり、貴族たちが中心になって政治を進めるようになりました。その中でも藤原氏は、他の貴族たちをたくみに退け、一族の娘を天皇のお后さまにして、生まれた皇子を天皇に立てて天皇の外戚（母方の親戚のこと）となって勢力をのばしたのです。

また、藤原氏は、天皇が幼いころは摂政《せっしょう》として、また成長したのちは関白として政治を動かすリーダーになりました。どちらも天皇を助けて政治を行う仕事です。これを摂関政治とよびます。

道長は九六六年に兼家の五男として生まれました。

道長には道隆、道綱、道兼、道義と四人のお兄さんがいました。また、一条天皇の母である詮《せん》子《し》、三条天皇の母である超子《ちょうし》の二人のお姉さん、三条天皇の皇太子時代のお妃になる綏子《すいし》という妹がいました。

道長には道隆、道兼という有力なお兄さんがいましたから、お兄さんのかげに隠れてなかなか出世できなかったのですが、お姉さんの詮子の子どもが一条天皇になり、それに合わせて父である兼家が摂政になると一気に出世しました。しかも、病気で道隆、道兼が亡くなると、いきなり政治を動かす大事な仕事に就くことになったのです。

その後、ライバルとなった道隆の子ども、藤原伊周《これちか》を退けて出世競争に勝利すると、自分の娘を天皇のお后さまにして天皇の外戚となり、死ぬまでリーダーとして活躍しました。娘たちは天皇のお后さまや母親になっています。

＊彰子《しょうし》…一条天皇の后、後一条天皇と後朱雀天皇の母
＊妍子《けんし》…三条天皇の后
＊威子《いし》…後一条天皇の后
＊嬉子《きし》…後冷泉天皇の母（後朱雀天皇の皇太子時代の妃）

有名な「この世をば　わが世とぞ思ふ望月《もちづき》の　欠けたることも　なしと思へば」（この世は、まるで自分の世のようだ。満月が少しも欠けたところがないように、望みがすべてかなって満足

だ）という和歌は三女・威子が後一条天皇と結婚するときに読んだものです。

一般的には「この世をば」の和歌から想像される道長イメージは「傲慢」という感じだと思いますが、山中裕さんによれば天皇、中宮、皇子の三者の意見が一致する政治運営を進めた気配りの人だったようです。


「道長は決してあせらず、強硬なこともせず、人の気持ちを充分に考慮に入れながら事を運んでいく。ここに平和な文化の華がひらき、女流作家たちが続出したのも、道長が最高の地位に就いてよき政治を行っていたからということができよう。」（『藤原道長』吉川弘文館　七～八ページ）

じつは道長は「和」を尊ぶ人だったのかもしれません。


では、ここからがシミュレーションです。

藤原道長になって道長自身がどんな夢を見たのか追体験してみましょう。道長の夢分析をしてその心の内に迫ってみたいと思います。

平安貴族・道長の本当の姿が見えてくるかもしれません。

■シミュレーション

平安貴族・藤原道長の夢分析をしてみる

平安時代の貴族というといつも楽しく遊んだり、ぶらぶらしているイメージがあると思いますが、そうではありません。

平安貴族たちの政治の仕事や大事な儀式の量はたいへんなものでした。仕事と儀式は連日、深夜まで続き、休日はめったにありません。しかも現代とはちがい、平安貴族たちにとっては貴族の世界で出世することだけが子孫を残していくためのただ一つの方法だったのです。

一〇〇八年九月十一日。

藤原道長にとって待ちに待った日がやってきました。

一条天皇と結婚した長女の彰子に赤ちゃんが生まれる日です。この子は将来の天皇になる可能性があります。つまり、道長一族が天皇の外戚になるのです。

この日に道長は夢を見た、という設定にします。道長はどんな夢を見たと思いますか。次の三つの中から最も適切だと思うものを選んでみて下さい。

Aの夢：太陽と月

夕方、散歩に出た。ふと見ると、空に太陽と月が同時に出ていた。気がつくと右の手のひらに太陽、左の手のひらに月が乗っていた。そのまま太陽と月を持ってやしきに帰り、月を足もとに置き、太陽を胸に抱いてそのまま寝てしまった。

Bの夢：物の怪

やしきの柱のかげや屋根裏、庭の植木の下に何やら人間ではないものがうごめいている。どうやら物の怪らしい。この物の怪は「くやしい、くやしい」と気味悪くわめきたてている。追い出そうとしてもなかなか捕まらずにわめき続けている。

Cの夢：雲の中の人

大勢の人がやしきの庭から東の空を見て騒いでいる。見ると、雲の中に人がいて地上の人間をとらえて連れて行こうとしている。人びとは「きっと道長を連れて行こうとしているんだな」とか「いや今、道長を連れて行ってはいけない」などと騒いでいた。

道長の夢分析ということになります。

さて、いかがでしょうか。

小学生に意見を出してもらう前に、意見分布を取ってみました。二クラスの合計でAが十四人、Bが十八人、Cが二十人でした。見事に三つに分かれました。

では、それぞれの意見を見てみましょう。

A派

「太陽は赤ちゃんが生まれることで、月は天皇の親戚になれることを表している。つまり、両方手に入れられるということだと思う」

「貴族は政治の仕事とか大変なのに、天皇の外戚になることでもっと大変になるので、太陽は昼、月は夜で一日中休む暇もない生活がやってくる、ということを表している」

「和歌で、まるで自分の世のようだ……って言っているから太陽と月を自由に操れるということとつながっている」

「太陽は赤ちゃんが生まれるからうれしさを、月は元気で生まれてくるだろうかと不安な気持ち。道長の複雑な気持ちを表している」

「太陽はこれから生まれてくる子、月はその子の未来を表している」


Aの夢を選んだ子は基本的にこれを吉夢と考えています。

太陽と月が何を意味しているか、の分析が鋭いのに驚きました。

B派
「物の怪の正体は亡くなった道隆・道兼で、天皇の外戚になれるチャンスを弟の道長に取られたことを悔しがっていると思う。それに出産の時には不安もあるし、こわい夢を見てもおかしくない」
「道長は他の貴族を退けることで相手のくやしがる姿を見ていると思うし、天皇の外戚になると敗れた貴族たちが反乱を起こすかもしれない……と思って心配していた」
「自分は子孫を残せるけど、子孫を残せるのはある意味で道長だけなのだから物の怪は出世競争で負けた人、もしくはお兄さんだったのかもしれない」
「亡くなったお兄さんたちが、何でもできすぎの道長を恨んでいると思う」

Bを選んだ子は完全に悪夢としてとらえています。

道長の栄華の背景には、権力闘争があることを見抜いています。抜きつ抜かれつのライバル関係、ときには追い落とし工作などもあったのかもしれません。

それにしても、小学生のリアルな分析に感心します。

C派
「新しく生まれた命と引き替えに道長の命が奪われるのではないかと恐れた」
「自分が出世しすぎてそれを上から見ていた空の人がうらやましいなと思って連れて行こうとした。でも、道長にお世話になっている地上にいる人も連れて行ってほしくないと思っている…それぐらい自分は偉いと思っている」

「道長が雲の中に行ったらなんかいい気分で暮らしているということじゃないか」

「道長はとても頭がよくてうまく日本の政治を進めているから、雲の中の人間もそのような人材がほしい」

「道長にとって待ちに待った日だから、うれしくて道長がもしも有名になったら……という理想の夢を見た」


Cを選んだ子の解釈はさまざまです。

「空」をどう解釈するかで百八十度変わります。「空」が「気持ちのいい雲の上」や「地上を見下ろす場所」と考えれば「出世」に結びつきますが、「あの世」と結びつけばよくないことの前兆となります。


選択肢として設けた三つの夢は藤原道長が実際に見たものではありません。残念ながら、道長が書いた日記『御堂関白記《みどうかんぱくき》』には道長自身が見た夢の具体的な様子は書かれていないそうです。

そこで、平安時代当時の別の人物の日記に記録されている夢をモデルに、私が創作しました。

Aの「太陽と月」のモデルは、藤原道綱母による『蜻蛉日記《かげろうにっき》』にあります。

代参を頼んでおいた法師が「あなたが二つの手に月と日とを受け、月を足の下に踏み、日を胸に当てて抱きなさっている夢を見ました」と報告してきた、という記述です。息子である道綱の出世に関係がある吉夢ではないかと母が期待しているエピソードです。日は天皇、月は皇后を表していると考えられています。

Cの「雲の中の人」のモデルは藤原行成の『権記《ごんき》』にある次のような夢です。

東の方を見ると南北に細い雲が立ち、その雲の上には火がある。その雲の中には人がいてその人は人を捕らえている。これを見て人々は「今度は行成を連れて行くに違いない」と騒いでいる。行成は「私は何も過ちはしていない。なぜ私を連れて行こうとするのだろう」と言った。武器を持った人が行成の腰を抱えて連れ去ろうとしたので、行成が不動明王にひれ伏して最敬礼すると連れて行こうとする人の手がゆるんだ……というものです。

では、Bは?

じつはBは夢の中の話ではなくて現実に起こったこととして、あの紫式部が書き残しているのです。

彰子が第二皇子・敦成《あつひら》を産んだとき、紫式部は『紫式部日記』に「物の怪がくやしがってわめきたてている声はなんとも気味が悪いものだ」と書き残しています。恐ろしいことにこれは夢の中のことではなく、実際に起きたこととして記録されているのです。もしかしたら道長は不気味な物の怪の夢を本当に見たかもしれません。

なお、「物の怪」とは神仏や霊鬼などの霊物によって引き起こされた病気のことで、病気自体を「物の怪」と呼ぶと同時に原因となった霊物そのものも「物の怪」と呼んだと考えられているようです。（繁田信一『平安貴族と陰陽師　安倍晴明の歴史民俗学』吉川弘文館　一二九〜一三〇ページ）

この夢分析を通して貴族の内面に触れてみる、というのがこのシミュレーションのねらいですが、子どもたちの中には授業後の感想にこう書いた子がいます。

＊初めて人の夢を予想した。本当のことはわからないけど、すごい不思議な感覚。最後の「物の怪」の話が夢じゃないというのがコワイ。

道長の悩み

すでにふれましたが、道長は『御堂関白記』という日記を付けていました。ここには道長の日常の出来事なども記録されています。この日記を見ると道長が夢を見たことが何回も記録されています。しかし、残念ながら「どんな夢を見たか」までは書かれていません。ですから、彰子に子どもが生まれたときに見た夢については正確にはわかりませんが、ある程度推測することはできます。

じつは道長が政治のリーダーになったときには、まだ天皇の外戚とはなっていませんでした。ですから、自分がリーダーとして手に入れた権力を子孫に残せるように、はやく天皇の外戚になりたいものだ、と思っていたのだと考えられます。そのためには自分の娘を天皇の奥さんにして、皇子を産んでもらい、その子を天皇にして、自分が天皇の外戚になる必要があります。

道長の娘・彰子と亡くなったお兄さんである道隆の娘・定子《ていし》はどちらも一条天皇の奥さんでした。定子はすでに一条天皇の第一皇子・敦康《あつやす》を産んでいます。

「子どもは天の授かりもの」とはいえ、道長はあせっていたはずです。お兄さんはすでに亡くなっているので、自分が敦康皇子のめんどうを見てはいるのですが、やはり自分の娘が皇子を産まなければ天皇と強い関係を結ぶことができないからです。

そこで道長は金峯山という山にお参りして「彰子に子どもができますように」とお経を埋めて、お祈りをしています。

そんなとき、彰子が妊娠したという知らせが入りました。たいへんうれしいニュースなのですが……道長はこのことはぜったいに知られないように「極秘事項」としました。なぜなら、出世競争のライバルや道長に怨みがある貴族たちが呪いをかけるかもしれないからです。

■子どもたちの感想

＊道長はいろいろなことを抱えて生きていたことが分かりました。

＊道長の願いがわかった。幸せ、悲しみ、不安、いろいろな気持ちになっていたことが分かった。

＊道長は何でも成功して、不安や悩みがないものだと思っていましたが、道長が不安で心配をしていたということに驚きました。

＊平安時代の貴族は平和で楽しそうに見えていましたが、本当は子どものことや出世のことで不安いっぱいだったのですね。

＊貴族も忙しいんだなとあらためて思いました。当時は呪いとかよく信じられていたらしいから、こういうことになっても仕方がないとは思うけど、道長はとても複雑な気持ちだったと思います。

源《みなもとの》 頼《より》朝《とも》

一一四七〜九九年。鎌倉幕府初代将軍。平治の乱で平清盛に敗れ、伊豆に配流されたが、一一八〇年に平氏打倒を目的に挙兵し、平氏を滅亡させた後に征夷大将軍に任命され、鎌倉に政権を樹立した。

西国に進撃か、東国に後退か

―武士と天皇との関係を源頼朝になって決断してみる

武士のための政権を実現しようと立ち上がった源頼朝。
それを助ける東国の武士たち。
勝利に歓喜する頼朝軍内で武将たちの会議が始まった。
御家人たちの意見を聞いた頼朝の決断は？

洞窟の頼朝

歴史上における源頼朝の業績とは何でしょうか。

この問いに作家の堺屋太一さんは次のように答えています。

「源頼朝の最大の業績は、はじめて幕府を開いて武家政権の基礎を確立したことだが、それに当たって、実に巧妙な方策を発明した。つまり古く奈良時代から存続していた律令制を温存しつつ武家政治を全国に展開するという「権力機構の二重構造」を敢えて創り出したのである。」（堺屋太一『日本を創った12人　前編』ＰＨＰ新書　七四ページ）

一般には貴族による政治が打破されて新しい武士による政治が始まった、と理解されていると思います。それはそれで間違いとは言えません。

ですが、よく考えてみれば頼朝が天皇から受けた「征夷大将軍」という役職はあくまで東国の軍事を司るものでしかありません（ちなみに西国は征西大将軍）。天皇は依然として京都にいて頼朝に地位や役職を与えているのです。

一番偉いのは結局はどっちなのでしょうか？

堺屋さんはこれを「頼朝はそれまでの歴史に前例がなく、今日の感覚から見ても収まりの悪い、『けったいな政権』を創ったのだ。そこにこそこの男の恐るべき独創性がひそんでいる。」（七五ページ）と解説しています。

頼朝は天皇の力抜きでは政権を維持することはできないことが分かっていたのでしょう。しかし、ここまでパワーを付けた東国武士の力も生かさなければ新しい時代は創れません。

ここでは、この頼朝の迷いと決断をシミュレーションしてみたいと思います。

では、その前に次ページの絵を見て下さい。

これは日本画家の前田青邨《まえだせいそん》による『洞窟の頼朝』という絵です。これを見てどんなことに気づくでしょうか。

なお、小学生にはこの絵の舞台が洞窟であることを伏せて観察させました。

まずこの絵に描かれている人たちはみんな鎧《よろい》を身につけています。ですから、ここにいる人たちは武士であり、合戦があったことを予想させます。

よく見ると中央に坐っている武士の兜がたいへん立派で鎧の色も赤で目立っています。子ども

『洞窟の頼朝』前田青邨・筆（大倉集古館蔵）Ⓒ Y.MAEDA & JPSPAR,Tokyo,2018 E2936

たちもこの人が頼朝だな？　と気づきます。

頼朝らしき人は家来に囲まれています。どうやら話し合いをしている雰囲気です。あまり楽しそうではありません。頭を垂れている人もいるし、不安そうな顔の人もいます。

ほぼ全員が同じ方向に視線を向けています。何を見ているのでしょうか。

子どもからは「なんだか背景が暗いので夜なのではないか」という意見も出てきます。

この絵は頼朝が石橋山の戦いでさんざんに敗れて逃げまどい、洞窟に隠れているところなのです。石橋山の戦いは頼朝が平氏に対して反抗ののろしを上げた最初の合戦です。しかし、頼朝は大敗し、箱根山中に身を隠した後に、海路を利用して安房《あわ》（千葉県）へとのがれました。

この絵は挙兵した頼朝が部下とともに山中の洞窟に隠れている場面なのです。危機的な状況にある頼朝を守るように東国の武士たちが取り囲んでいる姿が印象的です。頼朝に味方する東国の武士はたくさんいました。というよりも徐々に増えていったと言った方が正確でしょう。


左の地図を見て下さい。

関東地方にいくつもの武士団があったことがわかります。

北条氏は有名ですが、他にも千葉氏、上総氏、三浦氏、大庭氏、江戸氏、葛西氏、宇都宮氏、小山氏、畠山氏、河越氏など地名になっている名前がたくさんあることに気づきます。

頼朝のストーリー

頼朝の少年時代、そして平氏打倒までのストーリーをダイジェストで追ってみましょう。

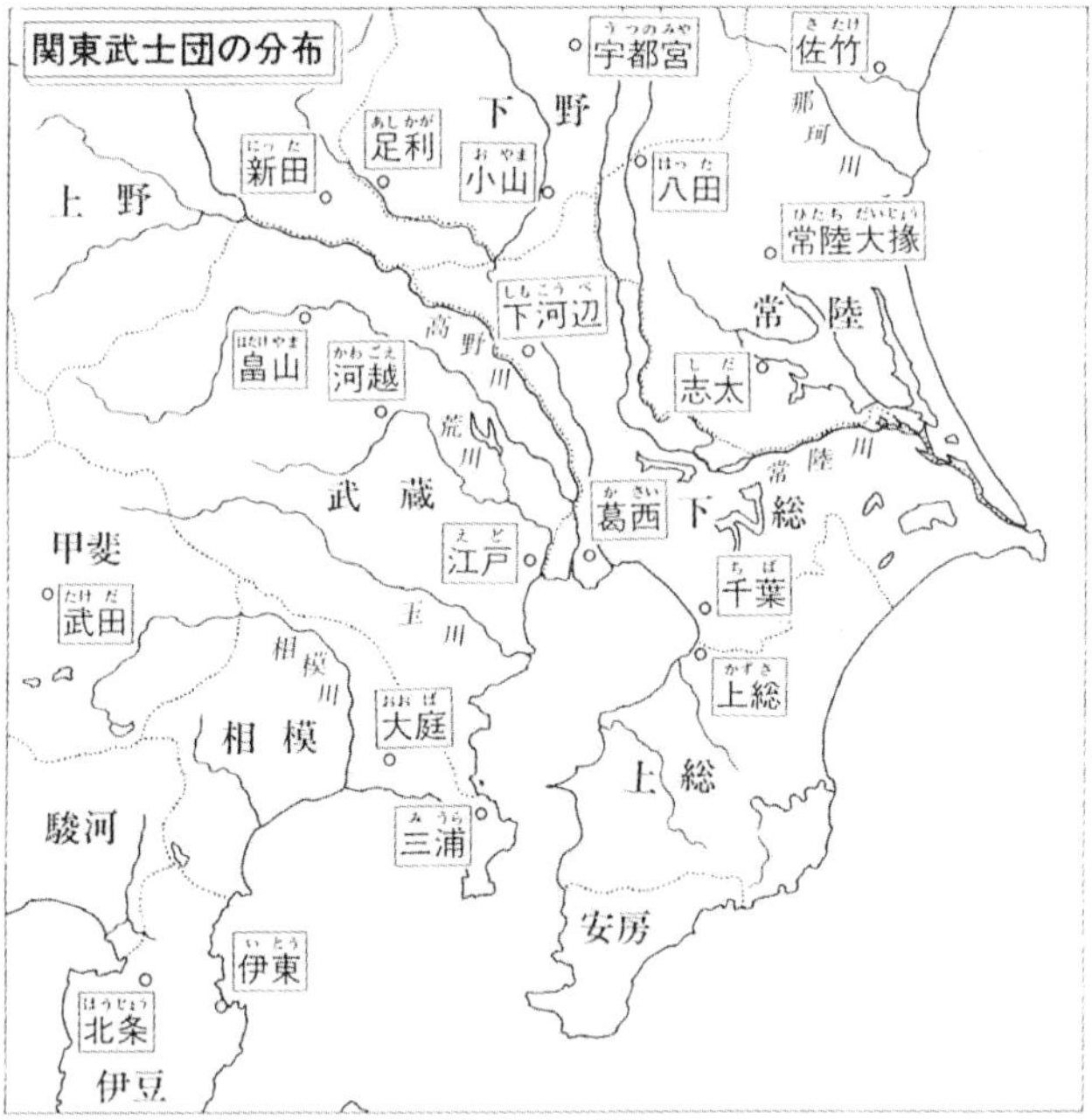

『源平合戦の虚像を剥ぐ』（川合康・著／講談社）より

①頼朝が生まれた

頼朝のお父さんは源《みなもとの》義朝《よしとも》という源氏のリーダーでした。お母さんは熱田神宮という大きな神社の娘として育った人です。お母さんはたいへん家柄の高い人でしたから、頼朝は京都の貴族といっしょに将来の源氏のリーダーとして大切に育てられました。

②少年時代の苦労

頼朝が十三歳のときに平治《へいじ》の乱といういくさが起こりました。頼朝も参加したこのいくさで、お父さんの義朝はライバルの平氏のリーダー平清盛に敗れ、一族をすべて殺されてしまいました。頼朝だけは運よく命を助けられましたが、都から遠い伊豆（いまの静岡県）へ流されてしまいました。それからなんと二十年間もさびしいところで平氏の家来に監視されながらの生活が続きました。

③文覚上人の説得

二十歳をすぎた頃、もとは武士でいまは僧となっている文覚上人《もんがくしょうにん》が頼朝のもとをたずねてきました。文覚上人はお父さんの髑髏《どくろ》を見せながら、平氏が都で横暴なふるまいをしていることを伝え、源氏のリーダーとして平氏を打倒するべきだ、と話したと言われています。

④石橋山での敗戦

その頃、天皇の親戚である以仁王《もちひとおう》が「平氏打倒のために立ち上がれ」という秘密の命令を出しました。この命令はひそかに頼朝のもとにも届けられ、ついに平氏打倒のために立ち上がりました。頼朝は、北条氏・土肥氏・佐々木氏など九十人の味方とともに伊豆に住む平氏の家来のやしきを襲撃して討ち取りました。さらに三百人ほどに増えた仲間とともに石橋山の戦いで平氏軍と戦いました。しかし、この戦いではさんざんにやられてしまい、わずかな家来と箱根の山の中へ逃げこみました。そして山の中で数日間逃げまどったのち真鶴岬《まなづるみさき》から舟で安房（いまの千葉県）

へ脱出しました。

⑤仲間がふえる

安房へ上陸すると、もともと味方をしていた三浦氏に加え、ここに勢力を持つ上総《かずさ》氏と千葉氏が仲間に加わりました。さらに武蔵（いまの東京）に入ると葛西氏・足立氏、そして一度は敵対した畠山氏、河越氏、江戸氏らも仲間になりました。東国に住む武士たちは、自分の土地にやってきた平氏やその家来と敵対していたので、源氏のリーダーである頼朝の味方になれば平氏たちを追い出すことができると思ったのです。こうして九十人から始まった頼朝軍は、いつの間にか三万～五万人になっていました。そして、頼朝は仲間といっしょに鎌倉に入り、ここを本拠地としました。

⑥富士川の戦い

ついに平氏の大軍が駿河（いまの静岡県）までやってきました。頼朝はこれを迎え撃つべく鎌倉を出発し、富士川で平氏軍と向き合いました。

ところが、水鳥の飛び立つ音を頼朝軍の大軍とかんちがいした平氏軍は逃げだし、頼朝軍はほとんど戦わずして勝利を得ました。

では、ここからがシミュレーションです。

富士川の戦いに勝利した頼朝軍内で会議が始まりました。頼朝は仲間である東国武士たち御家人の意見を聞いて重大な決断を下さなければなりません。

頼朝になって武士政権へ向けて武士と天皇との関係をどう考えるべきなのかを追体験してみましょう。

■シミュレーション

武士と天皇との関係を源頼朝になって決断してみる

さて、この戦いで勝利を収めた頼朝は、今後について三人の御家人と話し合いをしました。あなたが頼朝なら、A・B・Cのどの御家人の意見を採用しますか?

御家人A：一気に西へ進撃し、天皇の力もプラスすべき
　このまま西国へ進撃し、いっきょに平氏を滅亡させましょう。そして京の都に入り、われわれの強さを天皇に見せるのです。スタートは、京の都を本拠地にして天皇のもとで政治をすれば、武士の力＋天皇の力で最大の力を発揮できます。政治が安定したら鎌倉に戻ればいいではありませんか。

御家人B：東国へ戻り、武士の力だけで勝ち取るべき
　いや進撃すべきではありません。東国に戻るべきです。まだ東国にはわれわれの敵となる武士団がいくつもあります。このまま進撃したら背後を突かれて鎌倉もやられてしまいます。東国をしっかり固めて鎌倉を政治の本拠地にしましょう。いつまでも天皇の力に頼っていてはいけません。これからは武士の力だけで新しい時代を作るべきです。

御家人C：東国へ戻るが、天皇の力もプラスすべき
　わたしも進撃には反対です。理由はBさんと同じです。しかし、武士の力だけで日本を治めることができるのでしょうか。これまで五〇〇年以上も日本を治めてきた天皇の力も必要

です。ただし、ここまで成長した武士の力が天皇の力に飲み込まれてはいけません。天皇から離れたところで政治をするべきです。天皇の力と武士の力をそれぞれ最大限に生かすためにも鎌倉を政治の本拠地にしましょう。

子どもたちに話し合いをさせる前に意見分布を取りましたので、まずそれを見てみましょう。二クラス合計五十七人のうちAは六人、Bは十人、Cが一番多くて四十一人となりました。Cが圧倒的となりました。

以下、それぞれの代表的な意見を見てみましょう。

＊Aに賛成

「このまま勢いに乗って、平氏を滅亡させてしまうべきだ。背後から来る敵はみんなで手分けして倒せばいい。それに天皇に認めてもらえれば、これからのことが有利になる。とにかく勇気がないと前へ進むことはできない。敗れるのを恐れてはいけない」

「敵となる武士団が東国にいくつも残っていると言っているが、西国へ進撃し平氏を滅亡させればその武士団も自然に味方になるはずだ」

＊Bに賛成
「武士の世の中を作りたいのに、天皇に頼りすぎると天皇の思い通りの国づくりになってしまう」

「天皇の力ではなく自分たちの力で政治をして民を幸せにすべきだ。本拠地・鎌倉の周りに味方がたくさんいる方が安心できる。いろいろなことを新しくしたいのだから鎌倉に戻るべきだ」

＊Cに賛成
「武士の力だけでとりあえず日本を治めたとしても、いつかは戦いが起こるだろうから、天皇の力を借りていっしょに国づくりを進めたほうがいい」

「進撃したら東国にいる敵の武士団にやられてしまうし、自分たちの力だけだったら反発する武士が出てくるかもしれないから天皇の力は必要だ。でも、天皇の力に飲み込まれてしまう恐れもあるから天皇から離れた方がいい」

「進撃しても本拠地・鎌倉をやられては意味がない。東国を固めてからでも遅くはない。それに天皇がいないと国がばらばらになる可能性もある」

「進撃はもう少し落ち着いてからにすればいい。天皇は五〇〇年以上も日本を治めてきたプロなので、天皇のことも考えながら平氏のようなことにならないようにおごらない政治を作り上げていきたい」

「進撃したら背後からやられるかもしれない。それに天皇の力も借りないと武士だけの政治は絶対に無理。武士だけの政治をしたら、また戦いが起こるかもしれない」


Aに賛成の意見は今の勢いを生かせ、という意見です。

Bはいわば「武士の武士による武士のための政権」への思いを述べているものが多いです。

Cの意見の内容をくわしく見てみると理由は以下の二つになりそうです。
①武士だけの政権は不安定である。また戦いが勃発する。
②これまでの天皇の政治実績を尊重して生かすべきだ。
Cに賛成する子どもたちは、堺屋太一氏が指摘する頼朝の「権威と権力の二重構造」というア

イデアを「天皇の力」と「武士の力」という言葉で説明しようとしていると言ってもいいでしょう。

頼朝の悩みと東国の武士たち

じつは富士川の戦いで勝利した後、頼朝は西国への進撃を命じました。いまの勢いのまま京の都まで進もうと考えたのです。

しかし、このときに家来である上総広常・千葉常胤・三浦義澄などの東国の武士たちは反対しました。

頼朝の仲間になろうとしない常陸（いまの茨城）の佐竹氏や奥州（いまの東北地方）の藤原氏がいるからです。こうした武士たちが背後から頼朝たちをねらっていたのです。

このエピソードこそが頼朝の運営する武士政権の姿を決めるものだったと言えるでしょう。

「富士河の陣から平家勢が敗走したとき、頼朝はその追撃を命じたが、武将等の反対によって進軍は中止されたという。理由は常陸の佐竹氏をはじめ、周囲に敵対勢力がまだまだ多いということにあった。

先づ東夷を平らぐるの後、関西に至るべし、

と軍議は決したという。

この京攻めの可否をめぐる記事は、多くの論者の注目を集めている。頼朝勢力が坂東地方を固有の基盤とする政権に成長してゆく、その出発点がここにある、とみなされるからである。」（河内祥輔『頼朝がひらいた中世　鎌倉幕府はこうして誕生した』ちくま学芸文庫　七二ページ）

家来の意見を取り入れた頼朝は、鎌倉にとどまって東国をまとめあげて安定させることにしました。ただ、頼朝は天皇の力が必要なことも分かっていましたので、武士の力に天皇の力をプラスするために京の都に使いを送りました。

このとき天皇は頼朝の実力を認めて、東国全体の政治を進める権利を与え、後には全国に守護と地頭を置く権利も与えました。

安田元久さんは頼朝が「わたしが武士のリーダーだ」と主張した根拠は二つあると言っています（安田元久『源頼朝　新訂版　武家政権創始の歴史的背景』吉川弘文館一三一～一三二ページ）。

ひとつめは以仁王《もちひとおう》の令旨《りょうじ》です。

令旨はもともとは皇太子の命令を伝える文書のことですが、この頃には親王のものも令旨とされていました。

頼朝は「天皇家の命令に従うべし」と言っているわけですから、これまでの貴族世界のルールを引き継いでいることになります。

もうひとつは頼朝が源氏の嫡流《ちゃくりゅう》であり棟梁《とうりょう》であるということです。

自分は源氏の正式な跡取りであり、その源氏のご先祖さまは関東の武士たちと主従関係を結んできたという事実です。

これは貴族のルールとはちがう、武士の実力で作られた新しい考え方と言えるかもしれません。

頼朝はこれまでの貴族社会のルールを否定しないで、逆に自分の東国支配の力を相手に認めさせることで、事実上の武士政権である鎌倉幕府を作ったということになるでしょう。

こんなエピソードがあります。

頼朝は二回だけ京の都に上洛したことがありますが、その二回目のときのことです。

「二度目の上洛の際、頼朝は再建なった東大寺大仏殿落慶供養《とうだいじだいぶつでんらっけいくよう》に臨んでいるが、大雨のなか、数多くの御家人たちが頼朝を取り巻いて身じろぎもせず一団となっているようすを、慈円は驚異の目をもって、その著『愚管抄《ぐかんしょう》』に記している。それは京都の人びとに、自分たちとは異質な権力が頼朝を中心に築かれたことを印象づけたことであろう。」（高橋典幸『日本史リブレット人　〇二六　源頼朝　東国を選んだ武家の貴公子』山川出版社　八五ページ）

京都の貴族たちはどしゃ降り（？）の中でもじっとリーダー頼朝を守ろうとする東国武士の鉄の結束に驚いたのではないでしょうか。

その後、天皇は頼朝に位の高い官職を与えましたが、頼朝はもらってすぐにこれらを返上して京の都に住むことはありませんでした。その後、「征夷大将軍」だけ受けることにしました。

頼朝はこれが「天皇の力」と「武士の力」を生かすもっともよい方法だと考えたのです。

北条《ほうじょう》 時宗《ときむね》

一二五一～八四年。鎌倉幕府第八代執権（将軍の後見役）。元の使いに対して強硬な姿勢を貫き、「文永の役」と「弘安の役」という二度にわたる元軍の襲来を退けた。戦死者を弔うために、鎌倉に円覚寺を創建した。

文永の役の報告書を読んで二度目の襲来に備える
――元軍を迎え撃つ北条時宗になって戦略を練る

元寇――わが国が直面した他国からの大規模な侵略。
苦戦した文永の役から七年。敵は四倍の戦力で再び襲ってきた。
これを迎え撃つ執権・北条時宗と鎌倉武士たち。
時宗はどんな備えで元軍を迎え撃ったのか？

元寇はわが国の国防事案

元寇はわが国が受けた大規模な外国からの侵略です。

これに異論のある人はないでしょう。

もし当時の鎌倉武士が元軍を撃退できなければ、今頃日本は元の属国になっていた可能性もあります。

つまり、元寇はわが国最初の国防事案なのです。

かつて、中大兄皇子《なかのおおえのおうじ》が白村江《はくすきのえ》の戦いの後に大宰府に水城《みずき》をつくり、首都を近江へ移転したのも国防ではありますが、相手が直接日本の国土へ侵入してきたわけではありません。これと比較しても、元寇の方がはるかに重大事案と言えるでしょう。

ところが、これまでの小学校や中学校の学習では元軍の敗因を台風という自然災害によるものであることを強調したり、元軍の人種構成の複雑さや準備期間の短さなどに着目させて、元軍側の内部崩壊に求めることが多かったようです。また、恩賞に不満を持った竹崎季長《たけさきすえなが》による鎌倉幕府への談判をメインに扱うという展開もよく見られます。

これらが間違っているわけではありません。しかし、これらの学習には自国の国防という観点が薄いように思います。直接的な侵入を受けたときに、私たちの先祖は手をこまねいてなすがままになっていたわけではないし、無能だったわけでもありません。

では、鎌倉武士はどうしたのか。

これを理解してもらうために、自分の国を守った先人の業績を体験してもらう必要があります。

元軍との戦闘を詳細にたどると、日本軍の勝利は決して偶然や元軍側の原因によるものだけではないことがわかります。鎌倉武士はいくつもの準備を重ね、地の利を生かした作戦面でも負けてはいないのです。しかも、命をかけて戦っています。むろん、暴風雨や相手側の事情も勝利に大いに関係してはいるでしょう。が、それを割り引いても、私たちの先祖である鎌倉武士の奮闘は称賛されるべきものなのです。

一回目の文永の役ではこれといった準備もなく迎え撃つことになり、日本軍側のさまざまな弱点があらわになってしまいました。

しかし、次のような見方もあります。

戦闘で日本軍を一蹴した元軍でしたが、日没とともに自分たちの船に戻ってしまいました。敵は優勢でしたから、夜間も攻撃の手を緩めないだろう、と予想されたのですが。

「なぜ、日本軍を追撃して水城《みずき》を攻撃しなかったのか？これは『八幡愚童記』の否定的見解にもかかわらず、日本軍の抵抗が意外にも手強《てごわ》く、二十日の戦闘で被害が多く、矢種《やだね》が尽きたからである。このことは『元史』の「日本伝」で元軍が自ら認めていることであり、「冬十月、其国に入り、これに敗る。しこうして官軍整わず、又矢尽く。惟《ただ》四境を虜掠《りょりゃく》して帰る」と表現している。なによりも二十日の戦闘で左副元帥・劉復亨《りゅうふくこう》が負傷したことが大きくこたえた。劉復亨が負傷したことは『高麗史節要』に「劉復亨流れ矢に中《あた》る。先《ま》ず舟に登る」と記されているから間違いなかろう。すなわち日本軍が健闘したからだ。」（森本繁『北条時宗の決断「蒙古襲来」を歩く』東京書籍　九八ページ）

二回目の弘安の役は七年後です。

この時、元軍は二手に分かれて日本へ進撃してきました。

「弘安四年（一二八一）六月六日、博多湾に侵入した東路軍四万は、海岸線の防塁に翩翻《へんぽん》とひるがえる日本軍の旗幟《きし》と、その下で気勢をあげる将兵の具足《ぐそく》姿を見て驚いた。中には伊予の豪族河野通有《こうのみちあり》のように築地を背後に、その全面の砂浜に陣を取って扁舟《へんしゅう》を浮かべている軍勢もある。」

（同　一九八ページ　※筆者注　扁舟とは小舟のこと）

これだけを見ても当時のリーダー北条時宗と武士たちがこの七年間を無駄に過ごしたとは思えません。北条時宗は、当然一回目の戦闘を反省して準備したはずです。ここをシミュレーションしてみたいと思います。

北条時宗のエピソード

では、元寇当時の鎌倉武士のリーダーである北条時宗がどんな人物なのかエピソードでたどってみましょう。

◆エピソード①　十八歳で執権になった

時宗は十歳のときに小侍所《こさむらいどころ》（職員は将軍に近習し，宿直や供奉をつとめた）という所で幕府の仕事を手伝うようになりました。

この時宗の小侍所入りは、将来の執権になるための経験を積ませるためだったと言われています。また、七代執権・北条政村のときには十四歳で執権を助ける仕事につきました。若い頃から日本のリーダーになるために勉強していたのです。

そして、わずか十八歳で八代執権になりました。

◆エピソード② 弓矢が得意だった

時宗は子どものころから弓矢が得意でした。

笠懸《かさがけ》という、馬を走らせながら的を射る大会が行われたときのことです。十四人の武士が出場していましたが、的が小さいものに変わるとみんなチャレンジしなくなってしまいました。これを見た北条時頼は自分の子どもである十一歳の時宗を呼び出して、チャレンジさせました。

一回目は馬のスピードを出しすぎて矢を射る間がなく、失敗しました。父の時頼は「馬にかまうな！ただおのれの腕を信じろ！」と声をかけました。すると時宗は馬のスピードに気を取られることなく矢を放ったので、見事に的を射抜きました。

◆エピソード③ 僧を先生として学んでいた

時宗は少年時代から建長寺の蘭渓道隆《らんけいどうりゅう》という僧を先生として学んでいました。その後、元寇が起こったころ、新しい先生を南宋から招きました。無学祖元《むがくそげん》という僧です。

無学祖元は、自分の国・南宋が元によって滅ぼされるのを目の当たりにしていました。自分自身もあやうくモンゴル兵に斬られそうになりましたが「お前の刀で私の魂は切れはしない！」と言い放って兵士を退散させています。

この先生から時宗は「莫煩悩《ばくぼんのう》」という言葉をもらっています。これは「あれこれ考えずに正しいと思うことをやりとおしなさい」と言う意味です。

以上、北条時宗についてのごくかんたんな情報を読んでもらいました。時宗は少年時代からリーダーになるための教育、いわば帝王学を学んでいたことがわかります。なお、時宗が執権になったのは十八歳のときですが、このときに補佐役として北条政村・北条実時・安達泰盛・平頼綱らがいたことも忘れてはいけないでしょう。きっと多くのアドバイスを与えているはずです。

ここからがシミュレーションです。

一回目の元軍との戦いで辛酸を舐めた北条時宗は、次の襲来に備えてどんな防衛体制を築いたのでしょうか？

北条時宗になって追体験し、日本を守るための戦略・戦術を考えてみましょう。

■シミュレーション

元軍を迎え撃つ北条時宗になって戦略を練る

元軍は一二七四（文永十一）年に日本を襲いました。

これを文永の役と言います。

それから七年後の一二八一（弘安四）年に二回目の襲来がありました。これが弘安の役です。

ここでは文永の役の後に最前線から戦闘結果の報告書が届いた、という設定でシミュレーションしてみたいと思います。

みなさんも時宗になったつもりで報告を聞いて下さい。

以下の報告書はもちろん架空のものです。当時の文永の役の最前線で戦った鎌倉武士になったつもりで書きました。

日本軍に大打撃を与えた元軍は、なぜか襲来した翌日には帰ってしまいました。さらに帰りの海で嵐にあって大きな損害が出たようです。

時宗はひとまずは安心しました。しかし、再びの襲来にそなえて準備が必要です。

今回の戦いについての報告書が提出されました。これを読んで次の対策をねる必要があります。

執権　北条時宗様

今回の戦いについて報告します。

（1）元軍と日本軍の構成を比べる

敵はモンゴル兵・約二万人と高麗兵・約八千人で構成されていました。ちがう種族が一つの軍隊の中にいるわけです。船は約九〇〇隻で、日本にある船よりも大型です。上陸するときは、沖で小型の船に乗り換えてやってきます。

わたしたち日本軍は、九州に住む御家人で約一万人です。リーダーがはっきりしていなかったので、とりあえずこの日は少弐《しょうに》景資《かげすけ》さんがリーダーになりました。

(2) 戦法のちがい

戦い方の作法があまりにもちがうので困りました。

私たちは一騎打ちですが、元軍は集団戦法です。こちらが正々堂々と名乗りを上げて一騎ずつ突っ込んでいくと、元軍の集団はサッと左右に開いて包み込み、大勢で囲んでやられてしまいます。私たちも個人個人ではがんばりましたが、この集団戦法に圧倒されました。なお、元軍は銅鑼《どら》や太鼓の合図で攻めたり、引いたりを兵士たちに伝えていました。

（3）武器のちがい

①てつはう

てつはうは丸い鉄製の入れ物に火薬をつめて飛ばします。すると、爆発して耳が聞こえなくなるほどの大きな音で爆発します。私たちも耳が聞こえなくなりますが、馬が驚いて暴走してしまうのです。銅鑼や太鼓の音でも馬が驚いています。

②弓

敵の弓は短い短弓です。これは私たちの使う弓とちがって、速く撃てるのでまるで雨が降ってくるようです。さらに矢には毒がぬられています。

（4）早く退却してしまった

こう言ってはなんですが景資さんのお父さん・少弐資能《しょうにすけよし》さんは、むかし中大兄皇子が作った水城まですぐに退却しました。ここなら敵を防げるからです。しかし、周辺の民は「武士のくせに臆病だ」と言って批判しています。また、大友頼泰《おおともよりやす》さんの軍もすぐに退却してしまいました。

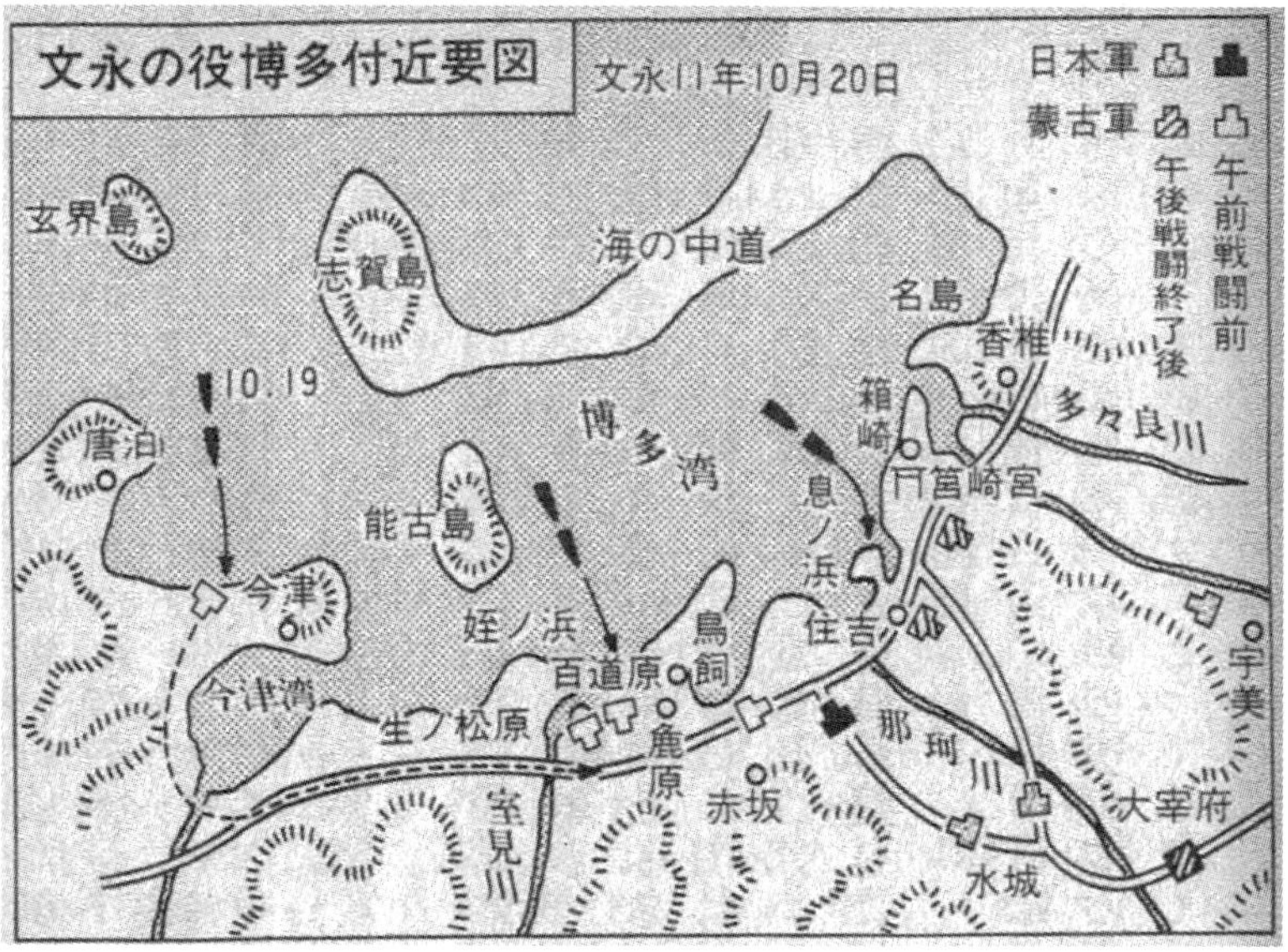

『時宗の決断　国難・蒙古襲来にどう対処したか』
（永井路子他・著／中公文庫）より

（5）元軍の進行経路

上の図を見るとわかりますが、元軍は上陸しやすい今津・百道原《ももちばる》・息ノ浜などに攻め込んできています。

（6）わたしたちの戦いぶり

たしかに全体としては戦いに敗れたと言うしかないでしょう。

しかし、少弐景資さんは元の副元帥に矢を命中させ重傷を負わせました。また、菊池さんや竹崎さんもがんばりました。一騎で突っ込んでいくのはあまりいい方法ではありませんでしたが、あれを見てわたしたち日本軍の武士たちの勇気には驚いていました。

敵はわれわれの意外な強さに驚いて、立て直しの必要を感じ、自分の国へ戻ろうと考えたようです。帰るときに海で嵐にみまわれたのです。

これを読んだ時宗は「再び元が攻めてくる前にこれを防ぐ体制を作らなければ」と思ったにちがいありません。

元軍を撃退するためにはさまざまな準備・作戦が必要です。どんな準備・作戦が必要でしょうか。

当時のリーダーである時宗になって考えてみて下さい。

以下、子どもたちの意見を準備と作戦の二つのカテゴリーに分けてご紹介しましょう。

◆準備

設備について

＊高さ二メートル以上で船が入ってこれないように壁を作る。

＊砂浜に落とし穴を仕掛ける。

＊相手の船が入りこんできやすいところに堤防を作る。
＊水城のような設備を港に合わせて作る。

馬について
＊馬は音に驚いてしまうので、銅鑼や太鼓の音を聞かせて慣れさせる。
＊馬の耳を守るために耳を塞ぎ、ジェスチャーで合図する。
＊馬を使うのをやめる。

その他
＊もっとたくさんの兵士を集める。
＊嵐が来るように願う。

出てきた意見のほとんどは壁や落とし穴を作って水際でくい止めようという作戦でした。もうひとつは馬への対策です。音を聞かせて慣れさせる、馬用の耳栓を用意して調教するなど子どもらしいユニークな意見が出されました。

◆作戦

戦法について

＊上陸しやすい場所の守りを固める。

＊上陸する場所で待ちかまえて船を降りようとする所で戦う。

＊谷までおびき寄せて上から弓矢で攻撃する。

リーダーについて

＊リーダーをはっきりさせてリーダーの合図で防いだり攻めたりする。

＊日本も個人ではなく集団で戦う。

武器について

＊日本も短弓で戦う。

船について

＊火を放ち船を沈める。
＊日本も船を増やして船で戦う。

ここでも水際で敵を防ごうとする基本的な作戦が提案されています。また「上から弓矢で攻撃する」などは実際に築かれた防塁にも通じる考え方ですし、火を放ち敵船を沈めるなども現実に行われた方法です。

小学生の意見は当時の時代状況を踏まえたリアルなもので、歴史的事実と重なるものが多いことに驚きます。

時宗はどんな準備をしたか？

では、実際には次の攻撃に備えてどんな準備がなされたのでしょうか。主には以下の四つが指摘できるかと思います。

①石でできた高さ二メートルの防御用のかべである防塁を構築
②こちらから船で高麗へ攻め込む、異国征伐を計画（しかし実際には中止）
③リーダーが必要なので、九州方面の守護を新しく北条氏の武士を中心に交替
④情報が京都や鎌倉に速く伝わるように関所を停止

さて、では七年後の弘安の役はどうなったでしょうか？

予想通り元軍は七年後に再びやってきました。なんと今度は十四万人（前回の四倍）の大軍が東路軍と江南軍の二手に分かれて日本に向かってきました。

九州に到着した元の東路軍は砂浜に作った防塁に驚き、海の沖合にとどまって攻めてきません。日本軍は小舟で元軍の船に夜襲をしかけました。不意をついて敵の船に乗り込み、斬り回ってから火をつけるのです。元軍は夜襲に手こずり、守りを固められた正面からの上陸をあきらめ、防塁のない志賀島へ上陸しました。これに気づいた日本軍は通り道になる海の中道で元軍を必死でくいとめ、元軍を突破させませんでした。

こうして一進一退をくり返すうちに、なかなか突破できない元軍の船の中で病気がはやり始めました。暑い夏、せまい船内、飲み水・野菜の不足などで病気が広がり三千人以上が倒れたのです。

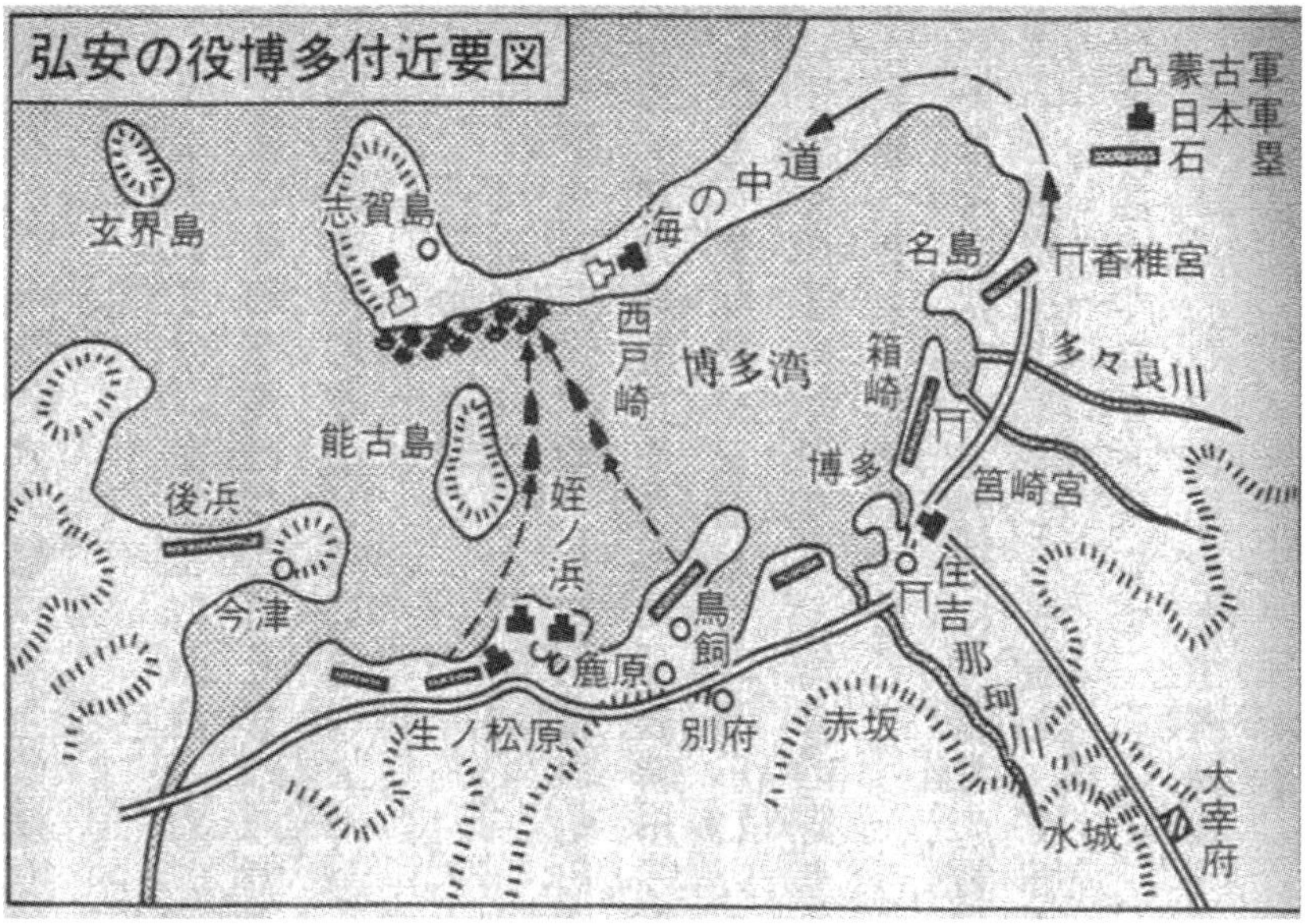

『時宗の決断　国難・蒙古襲来にどう対処したか』
（永井路子他・著／中公文庫）より

こうして元軍はついに上陸をあきらめて志賀島から去っていきました。一度、後退して遅れている江南軍と合流しようと考えたのです。しかし、合流した元軍を大型の台風が襲い、元軍は壊滅しました。

■子どもたちの感想

＊私たちの考えが本当に使われていたことに驚いた。元軍が壊滅してよかったと思った。

＊一回目の失敗をもとにして二回目に勝ったので「失敗は成功のもと」ということわざ通りだなと思いました。時宗やこの時代の武士たちはとても学ぶ力があると思いました。

＊やはり予想していたのと同じだったので防塁を作っておいてよかったと思います。友だちの意見の中でリーダーをはっきりさせるというのもよかったと思います。本当に弘安の役に参加しているような気がしました。

＊北条時宗が関所を停止したことに驚きました。また七年後に備えて防塁を作ったり、リーダーをはっきりさせるなんてすごい！台風も日本の味方ですね。日本最強！

＊北条時宗になって考えたとき、友だちの考えがたくさん出て、こんな考え方もあるんだと思いました。日本は敵の戦略に気づいて海の中道で必死になって戦って敵をくい止めたのもすごいなあと思いました。

感想文を見るとどれも時宗や当時の鎌倉武士への共感が見られます。

子どもたちは時宗という当時のリーダーの視点で元寇を見ているからです。それは元寇をわがこととして受けとめ、鎌倉時代と同じ日本人として元寇を見ているからこそだと思います。

織田《おだ》信長《のぶなが》

一五三四〜八二年。戦国・安土桃山時代の武将。今川義元を桶狭間で倒し武名をあげた。その後、他の戦国大名を次々と破って天下統一に近づいたが、本能寺で明智光秀に殺された。

日本一の町づくりに挑む
―天下をめざす織田信長になって都市政策を考える

信長は桶狭間で今川氏を討ち、室町幕府を滅ぼし、新兵器・鉄砲で長篠の合戦に勝利した。

そして、天下統一をめざす拠点として安土の町づくりを開始した。

信長はどんな都市政策を実行したのか？

信長へのあこがれ

日本史上、織田信長ほど人気のある人物はいないでしょう。
時代を超越した斬新な思考。
周囲を驚かせる決断力。
その強いリーダーシップと破天荒な性格に魅力を感じる人は少なくありません。
元東京都知事の石原慎太郎さんは信長について次のように言っています。

「稲妻の轟《とどろ》き輝く暴風雨の中で、白刃をきらめかせ、常識では倒し得ぬ巨大な敵を屠《ほふ》ることで自分の人生を切り開いていった男。その率直果敢な生きざまで、因習にがんじがらめになっていた中世という時代を終焉《しゅうえん》させ、歴史の上に近代を招いた武将。彼の生涯を彩《いろど》るすべての挿話のどれもが劇的であり、或る意味では異常であり異形でもあった。」（堺屋太一ほか『信長―「天下一統」の前に「悪」などなし』プレジデント社 二五八ページ）

では、同時代の人たちは信長をどう見ていたのでしょうか。

信長を、客観的に見ることのできる立場にあったキリスト教の宣教師ルイス・フロイスの文章を見てみましょう。

「彼は戦争においては大胆であり、寛大、かつ才略に長け、生来の叡知《えいち》によって日本の人心を支配する術を心得ており、後には公方《くぼう》まで都から追放し、日本王国を意味する、天下《テンカ》と称せられる諸国を征服し始めた。」（ルイス・フロイス　松田毅一・川崎桃太訳『完訳フロイス日本史③　安土城と本能寺の変―織田信長篇Ⅲ』中公文庫　一三一ページ）

ルイス・フロイスの人物評も現代の私たちとほぼ同じです。やはり、強い個性を持つ魅力的な人だったようです。

ところで、信長の魅力を表しているエピソードと言えば何が思い浮かぶでしょうか。

桶狭間《おけはざま》で今川義元の大軍を破った起死回生の攻撃。

「将来、強敵になる」と相手に思わせた斎藤道三との出会い。

新兵器・鉄砲を大量に準備して勝利した長篠の合戦。

そして、明智光秀に不意を突かれ「是非もなく」と言って果てた本能寺の変。

石原慎太郎さんがいうようにどれも劇的なものばかりですが、授業では桶狭間の戦いと安土の都市づくりを取り上げました。

前者は信長の性格やリーダーシップを考えるのにぴったりですし、後者は戦国武将として天下人をめざす信長がどんな「国づくり」をしようとしていたのかを考えるのに最適です。

ここでは信長になって、後者の安土《あづち》の都市づくりを考えてみたいと思います（なお、授業では「都市」ではなく「町」という言葉を使っています）。

安土城をながめる

信長は安土（いまの滋賀県）に大きな城を造り、天下統一を進めるための拠点にしようと考えました。

みなさんも一〇九ページの安土城の絵を見て気づいたことを出してみてください。

子どもたちは中央の山とその頂上付近にある天主閣にはすぐに気づきます。

その後、しばらくして次のような意見が出てきます。


「よく見るとあっちこっちに建物があって山全体が城になっている」

当時は山城が一般的でした。山城とは、その名の通り攻められにくい山の中に城を築くのです。この安土城はこれでも平地に近いので平山城と呼ばれています。ちなみに完全に平地に造られている大阪城などは平城です。

「山の麓《ふもと》に家が見える。村らしきものがある」

「川に橋が架かっている」

よく見ると小さな家らしきものが建っているのがわかります。山の麓には村らしきものがあるようです。

また、そこには橋が架かっています。橋を渡ってお城へ行くのでしょうか。

「湖に面している」

海じゃないの？という子もいますが、これはもちろん琵琶湖です。しかし、海かと思うほど巨大な湖ですから間違えるのは無理もありません。すぐ近くに湖があることも大事な情報です。

安土城（大阪城天守閣・蔵）

この絵による導入で信長の居城である安土城とその周辺環境に興味を持たせることができます。

ここからがシミュレーションです。あなたも信長になって、天下をめざすための拠点にふさわしい町づくりを追体験してみましょう。戦国時代の新しい町の姿が実感できます。

また、この追体験を通して、信長の魅力やスケールの大きさをさらに感じることができるかもしれません。

なお、子どもたちはすでに桶狭間の合戦の学習で信長の性格やリーダーシップについて学んでいます。また、教科書等で信長に関する基本的な知識にも一度はふれています。

■シミュレーション

天下をめざす織田信長になって都市政策を考える

信長は安土を日本一の町にしたいと考えています。

そのためにはたくさんの人が「ここに住みたいな」と思うような町づくりを進める必要があります。

そこで、みなさんに信長になったつもりで安土の町づくりを考えてもらいます。

安土をできるだけたくさんの人が「ここに住みたい」と思う町にするにはどんなことをすればよいでしょうか？

◆ある日のこと、信長は貧しい農民に変装して安土近くの街道に出向き、こっそりと農民や商人の会話を聞き、町づくりに生かそうと考えた、という設定にします。

あなたもこの会話を町づくりの参考にしてください。

「なんでも、こんど信長様が安土に新しい町をつくるそうだ」

「信長様はいずれは天下を取るお方だからな。いい町になるように期待したいよ」

「メッちゃでっかい城が建てられているらしいぜ」

「へえ！それは見てみたいな。でっかい建物なんてそうそう見られるものじゃないからな。どうせなら近くで見てみたいもんだ」


「ところで、おまえさんはどこから来た？」

「大阪の堺からだ」

「ほう、堺か。あそこはにぎやかな町らしいなあ」

「商人がたくさん集まって店が軒を連ねているから、日本中からものの売り買いで人が集まるんだ」

「堺は港があるもんな。重いものや大量の荷物を運ぶにはなんといっても船が便利だよ」

「日本だけじゃないぞ。西洋人たちとの貿易もさかんなんだ」

「聞いたことがある。バテレンの宣教師たちが南蛮寺も立てているそうだな」

「そうだ。バテレンがキリスト教を広めるために貿易にも力を入れるからなんだよ。西洋の商人も宣教師といっしょに遠いヨーロッパから来るってわけだ」

「ところで昨日、そこの木の下で話をした茶碗売りの商人が怒ってたなあ～」

「どうして？」

「川を使って舟で茶碗を運んできたらしいんだが、ここに来るまでになんと十カ所も関所があって高い通行料を取られたらしいんだ」

「知ってるよ。土地をたくさん持っているお寺が勝手に通行料を取るんだよな。だいたいお寺が通行料で金儲けするなんてひどいよ」

「それだけじゃなくて、その茶碗売りがお店を出して売ろうとしたら、同業者の座の連中が店を出すには許可が必要だ！と言ってじゃましてきたんだって。座に入って許可をもらわないとダメらしいんだが、新人はなかなか入れてもらえないらしい」

「ひどいなあ。それじゃこれからがんばろう！っていう人にチャンスがないじゃないか」

「おっと、ところであんたはどこから来たんだい」

「おれは越前（いまの福井県）で農業をしていたんだが、いくさのたびに戦争しなくちゃならないだろ？自分の田んぼが敵にやられないためには殿様といっしょに戦わなくちゃならないけど、農業と戦争と両方やるのはけっこう大変なんだよ」

「そうだよな。田植えや刈り入れのときに忙しくて戦争なんかやってられないもんな。もっと落ち着いた生活がしたいもんだよ」

「それにしてもこの頃は物騒だ。世の中が安定しないから強盗や泥棒もたくさんいるし、チンピラみたいなのもあちこちにいて、危なくって女や子どもはおちおち外を歩いてはいられないよ」

「安心して住める町はないのかねえ。信長様にはしっかりしてもらいたいもんだよ」

いろいろなアイデアを考えてみてください（あなたは信長ですからたいていのことは実行可能です）。

これまで学習したことも大いに生かしてください。

子どもたちからは、以下のようなさまざまな意見が出てきました。カテゴリー別に分けてご紹介します。

①自由に商売できるようにする
「お店を出す人をたくさん集めてゆかいな町にする」
「安土も堺のように売り買いできるようにすればにぎやかな町になる」
「信長が決めた範囲なら二つまで店を出してよいという許可制にする」
「歩く道の幅を決めて、そこ以外はどこにお店を開いてもいいようにする」
「座を廃止して、新人でも商売を自由にできるようにする」
「店を出す場所は毎回同じ場所にしてもらって、お金はとらない」

これは店を常設にして、しかも土地をタダで提供すれば安土に住んでもらえるというアイデアのようです。

「関所をなくして誰でも自由に売り買いできるようにする」
「少しは取ってもいいけど高い通行料はとらない」

「お寺が勝手に通行料を取ったら罰金にする。罰金で集まったお金で鉄砲などを買って、いくさのときに使う」
「人がよく集まる所に宿をつくる」
「安土に住むことを決心した人については通行料を取らない」

これも安土に住むことを条件にした税金の免除制度です。

子どもたちが出している意見の多くは町を活性化するための「お店誘致」です。そして、それに関連しての行政による優遇策です。また、不当にかけられている税金を免除すべしという意見もたくさん出てきました。

堺屋太一さんは関所と座の廃止について次のように言っています。

「関所と座の全廃は、今日でいうと規制緩和だ。当然、既成業者には嫌われるが、自由経済は進歩を促し、やがて大きな経済力を生む。特に、「銭で雇う兵」を持つ信長には、自由化で流通コストを下げ、尾張の物を高く売って、装備や鉄砲を安く買うのが大事だった。」（堺屋太一『日本

を創った12人　前編』ＰＨＰ新書　一二六ページ）

小島道裕さんによれば、信長が生きた時代は地域経済圏が発達し、生産と流通が急速に拡大していました。こうした時代背景の中で商人たちも、商人同士のいがみあいや相互規制でがんじがらめより、新たな城下町で信長と一体となって領国内全体を商売の対象にできる方が有利だと考えたようです。こうして安土の城下に各地の商人たちが吸収されていきました。

つまり、楽市令は「安土に宛てて出された個別法であり、安土に住人を招致するために与えた特権のリスト」なのです。（小島道裕『信長とは何か』講談社　一八四〜一八七ページ）

なお引用文中の「銭で雇う兵」については④で触れます。

②貿易をさかんにする
「西洋人との貿易をさかんにする」
「日本のものも外国のものもかんたんに手に入るようにする」
「大きい港を造って貿易を進める」
「船を多く作って貿易をさかんにする」

戦国時代になって西洋人とのつきあいも始まっていますので、海外との貿易という視点が出てきます。また、湖の存在に目を付けて港湾などを整備すべきという意見も出てきました。

古くから琵琶湖の水運は発達していたので、当然信長もここを見逃すことはなかったでしょう。琵琶湖は信長のもう一つの拠点である岐阜と京の都を結びます。ですから、水路を確保し、陸路と合わせたルートを作ったようです。（千田嘉博『信長の城』岩波新書　一七七〜一七九ページ）

③安心して住める町づくり
「世の中を安定させるために信長の部下が町を常時見回りに行ったりする」
「町のまわりの警備を強化して、今の日本のように強盗などをしたら罰を与えるというきまりをつくる」
「泥棒などは兵や警備員が全力を尽くして捕まえて、罰を与える」
「強盗や泥棒がいない安心できる町にするために警察みたいな役の人がきちんと取りしまる」
「強盗や泥棒を罰するための法を定める」
「女性や子どもには付添人を付ける」

子どもたちは警察制度の導入を提案しています。警察みたいな役、信長の部下、警備員、付添人など、表現はさまざまですが趣旨は同じです。法律を作るべきだ、という意見も出ています。警察みたいな役や警備員などを設置したという記録はありませんが、楽市令の中には「喧嘩・口論、ならびに国質《くにじち》・所質《ところじち》、押し買い・押し売り、宿の押し借り以下、一切停止の事」という条文があります。信長は安土の町そのものを楽市としているので、きっと治安はよかったのではないでしょうか。城下の街路は毎日二回、ここに住む庶民の手により午前と午後に清掃が行われていたと言うのですからすごいです。住民自らの手で環境が整備されている町は犯罪が減ることはあっても増えることはありません。

④農民と武士の仕事を分ける

「農業をするか戦いをするかどちらの仕事にするか決めさせる」

「庶民を農業に専念させて、武士は戦いに特化する」

「町がにぎやかになれば人が増えるので、増えたら兵として働く期間を短くして、農業もできるようにする」

これらはいわゆる「兵農分離」についての意見です。「人口増加」によって職業の分担が可能になるというのは面白いです。

この「兵農分離」についても、堺屋太一さんの解説を見てみましょう。堺屋さんは、兵農分離によって編成された信長軍の兵は「弱兵」だと言います。どういうことなのでしょう。

「しかし、信長はこの日本一弱い軍隊が、実は天下を征服すると信じていた。一回一回の戦闘では弱いが、いつでもいつまでも戦争ができるからだ。確かに農民兵は強い。だが、農繁期になると必ず故郷へ帰って稲刈りや田植えをしなければならない。農繁期には敵方も同じことをしているので自然休戦になる。ところが信長の銭で雇った兵は田植えも稲刈りもない。敵方の砦が何十人かの留守居だけになった時に砦を千人二千人で取り囲む。これなら、いくら弱兵でも必ず勝てる。」（堺屋太一『日本を創った12人　前編』ＰＨＰ新書　一二二ページ）

⑤安土城見学会

「お城をだれでも見られるようにする」

「城を見学できる日を作る」

「城が近くで見られるように城に近いところにでっかい広場を作る」


安土城自体を「集客」に使い、それを住民増加につなげるという意見です。

じつは信長は本当に安土城の見学会をしているのです。


「信長は築城を終えると、その名をさらに誇示し尊大ならしめるために、自らの宮殿の豪勢さを示そうと欲し、すべての国に布告を出させ、男女を問わず何ぴとも幾日かの間は自由に宮殿と城を見物できる許可を与え、入場を認めた。諸国から参集した群衆は後を断たず、その数はおびただしく、一同を驚嘆せしめた。」（ルイス・フロイス　松田毅一・川崎桃太訳『完訳フロイス日本史③安土城と本能寺の変―織田信長篇Ⅲ』中公文庫　一一四ページ）

こんな類似の意見もありました。

「大きな建物をたくさん作り、日本中からみんなが見に来たくなるようにする」

「誰も見たことがないものを作る」

安土城そのものが「大きい建物」で「誰も見たことがないもの」ですから、これも同じ趣旨の意見と言ってもいいでしょう。なお、信長は宣教師たちの請願を受けて、安土に修道院を建てています。これは三階建てでかなり目立っていたようなので、子どもの意見にあるような「みんなが見に来たくなる」ようなものだった可能性はあります。

⑥新田開発などによる農民誘致
「湖の水をうまく使って田んぼを増やす」
「農民の土地がいくさなどでダメになってしまったら、信長がお金を出して補償する」

近世史が専門の田中圭一さんによれば、戦国時代の大名たちは荒れ地を開墾し生産力を上げようとしていました。開墾するためには人が必要です。そこで、他所の領地の百姓を招くために心をくだいたと言うのです。例えば、村に来て開墾した土地は五年間免税地にしたり、自分の村に来ることを条件に屋敷地を与えたりする大名もいたようです。ですから、もしかしたら信長も、百姓を招き入れるために子どもたちが言うような特典を用意していたかもしれません。（田中圭一

（『百姓の江戸時代』ちくま新書　四二〜四四ページ）

⑦移住の奨励
「お城のそばに町をつくり、自分の家臣を住まわせる」
「城の近くに誰でも住めるようにする」

信長は山麓などを中心に家臣の住む武家屋敷を設けています。ですから、当然ですが家臣たちは家族を連れてみんな安土に住むことになります。増え続ける家臣のために土地が不足し、埋め立ても行われました。キリシタン大名として有名な高山右近などもこの埋め立てた場所に住んでいたようです。

⑧イベントの実施
「楽しい町にするためにイベントを行う」

あなたは、この意見を読んで「荒唐無稽《こうとうむけい》だ。まあ、子どもらしいな」と笑いませんでしたか。

じつは信長は大のイベント好きです。

まずは馬揃《うまぞろ》え。

これは騎馬武士の観覧パレードのようなものです。信長は京都でも行っていますが、安土でも開催しています。見物人が大勢集まった、と記録に残っています。

次は左義長《さぎちょう》と呼ばれるどんど焼きの祭り。

天正九（一五八一）年の記録では、家臣たちに爆竹を用意して趣向を凝らした衣装を着て参加するように命令が出されています。信長自身も「黒い南蛮風の笠をかぶり、描き眉の化粧をし」芦毛の足の速い馬に乗って参加しました。


「十騎または二十騎ずつを一組にして早駆けさせた。馬の後ろに爆竹を着けて点火し、どっと囃《はや》したてて馬を駆けさせ、そのまま町へ乗り出し、また馬場へ戻ってこさせた。見物人が群れ集まり、皆がこの趣向に感嘆した。」（太田牛一著　中川太古訳『現代語訳　信長公記』中経出版新人物文庫編集部 KADOKAWA発行　四二九〜四三一ページ）

さらに相撲。

信長は格闘技ファンのようです。相撲大会を何度も行っていて、多いときは千五百人もの力士を出場させています。

極めつけは安土城ライトアップ。

これもルイス・フロイスの記録に詳しいので見てみましょう。


お盆の祭りの時のことです。

「すなわち信長は、いかなる家臣も家の前で火を焚くことを禁じ、彼だけが、色とりどりの豪華な美しい提燈《ちょうちん》で上の天守閣を飾らせた。七階層を取り巻く縁側のこととて、それは高く聳《そび》え立ち、無数の提燈の群は、まるで上（空）で燃えているように見え、鮮やかな景観を呈していた。彼は街路――それは我らの修道院の一角から出発し、前を通り、城山の麓まで走っている――に、手に手に松明《たいまつ》を持った大群衆を集め、彼らを長い通りの両側に整然と配列させた。多くの位の高い若侍や兵士たちが街路を走って行った。松明は葦《カンナス》でできているので、燃え上がると火が尽きて多くの火花を散らした。これを手に持つ者は、わざと火花を地上に撒き散らした。街路はこれらのこぼれ火でいっぱいとなり、その上を若侍たちが走っていた。」（同一一八ページ）

以上、子どもたちの意見のほとんどは実際に信長が実施しているのです。
これを知ると子どもたちは喜びます。
「私って信長と同じことを考えていたんだ」と。

こうした信長のさまざまな政策によって安土は立派な都市へ変貌したのではないかと推測されます。

そもそもここ安土には大きな二つの集落がありました。そのうちの一つは古代から続く荘園集落で、もう一つは近江守護の所領です。

信長はこうした「中世的集落を新しい町に融合させ、リニューアルする」ことで新たな町づくりを進めたようです。そして、商工業の自由を保障し、新たな街道を作って商人・職人を呼び寄せています。しかも、ここに住む人たちの安全も保障しています。つまり、誰もが自由に商売ができて治安のいい安心してすごせる環境を用意しているのです。この時代は戦国の世ですから、誰もが「信長様が治める安土に住みたい」と考えてもおかしくないでしょう。安土城下の人口が毎日のように増え、大きく発展していたと思われる記録も残っています。

また、城下町の発掘調査によれば当時は高級品だった中国製の日常雑器や茶道具を一般庶民も使用していたことがわかりました。ここに住む人々の生活が豊かだった証拠ではないかと考えられています。（滋賀県安土城郭調査研究所編著『安土城・信長の夢　安土城発掘調査の成果』サンライズ出版株式会社　二三四〜二六五ページ）

では、もう一度信長の町づくりをまとめてみましょう。

信長の町づくり

①家臣をお城のそばに住まわせた

当時は農民がいくさのときに武器を持って戦う「農民兵」だったのですが、信長はこれを「専門兵」に変えました。ですから信長軍は強かったのです。そこで、「専門兵」になった自分の家臣を、田や畑のある村からお城のすぐそばに引っ越しさせて、家族全員で住むようにしたのです。こうして町ができました。

②自由に商売させた

家族みんなで住むようになれば生活で必要なものを安く買えるお店が必要です。

そこで信長は、「楽市楽座」でだれでも自由に商売ができるようにしました。新しく商売をしたいなと思っていた人たちがどんどん安土に集まってきたのです。また、関所も廃止したので商人たちはたいへん喜びました。

さらに、たくさんの人たちが集まって来られるように橋を作り替え、道路の幅を広げ、並木道を作りました。暑い日には木の下で涼むことができて好評でした。

③安全を保障した

強盗が出てきて夜どころか昼でも安心して歩けなかった町も、信長が支配するときわめて平和になりました。犯罪を厳しくとりしまったからです。それからは夜でも戸を開けて寝られるし、昼間は旅人が荷物を道ばたに置いて昼寝ができるほどになったと言われています。とくに有名なのは安土につながる道の通行の安全を保障したことです。

④その他

キリスト教の布教を許し、修道院も作られました。安土にはヨーロッパの宣教師や貿易商人もきっとたくさん来ていたことでしょう。

また、安土城を自由に見学させました。

先に紹介した小島道裕さんは信長の都市づくりを次のようにまとめています。

「城下町といっても、決して武家権力の力だけでつくられたわけではなく、むしろ商職人との合作、あるいは、武士が抜けても町として存続し続けていることから考えれば、地域に勃興《ぼっこう》した都市をつくる機運が、武家権力の力を利用して、城下町という形で都市をつくらせた、と言えるかもしれない。信長の城下町政策は、日本の都市史上で大局的に見ると、そのような都市作りの触媒の役割を果したと言えそうである。」（小島道裕『信長とは何か』講談社　一八七ページ）

あらゆる人々の力を結集させて新しい世界を作り上げる――ここに織田信長のほんとうのすごさがあるのかもしれません。

豊臣《とよとみ》 秀吉《ひでよし》

一五三六〜九八年。戦国・安土桃山時代の武将。もとは足軽の子だったが、信長に仕えて重用された。信長の死後、明智光秀を破り、主導権争いを制して天下統一を実現した。

刀狩令に賛成か、反対か

―豊臣秀吉による天下統一後の農民になって話し合う

信長の跡を継いで、ついに天下統一を果たした秀吉。
そんな時代の農民たちのもとに突然、刀狩令が発令された。
当時の農民はこれに賛成したのか、反対したのか。
刀狩りの本当の目的とは？

「刀狩」という言葉

「刀狩」という言葉を聞くとどのような場面を思い浮かべるでしょうか。


鎧を付けた屈強な武士が白昼堂々、農家へ上がり込む。

部屋の隅の筵に包んでしまっておいた刀を奪い取る。

それを農民が「お侍様、後生です。お返しください！」と縋りついて懇願する。

あるいは、村の広場で武士がお触れを読み上げる。

農民たちは不本意だが天下人には歯向かえない。

所持していた刀を仕方なく武士の前に積み上げる。

こんなイメージでしょうか。

「刀」を「狩る」わけですから、あまりいいイメージは浮かびません。強い権力者が弱い民衆から奪っていく感じが強くなります。

しかし、この仮想シチュエーションにおいて、すでに疑問がわきませんか？

まずは、その疑問をぶつけてみましょう。

——なぜ、弱い農民たちが刀を持っているのでしょうか？

「やむにやまれない事態が起こった時、武士に対して一揆を起こすためですよ。確か、教科書にそう書いてあったような気がする」

——では、この刀狩のときこそ、一揆を起こせばいいのでは？

「いやいや、武士側は鉄砲を持っているはずです。さすがに鉄砲と刀じゃ勝ち目はない」

——農民は刀だけでなく鉄砲も持っていますよ。弓も槍も持っています。

「はっ？そんな馬鹿な。刀狩なんだから刀だけでしょ」

いえ、刀狩令にちゃんと書いてあります。小学生でも知っています。

一、諸国百姓等、刀・わきさし・弓・鑓・鉄炮、其外武具のたくひ所持候事、かたく御停止候、其子細は、不入たうくあひたくはへ、年貢所当を難渋せしめ、一揆を企、自然給人に対し非儀之族（動）をなす族、勿論御成敗あるへし、然ハ其所の田畠令不作、知行ついへに成候間、其国主・給人・代官等として、右武具悉取あつめ、可致進上事、（島津家文書より　天正十六年七月（八）日付発令　豊臣秀吉朱印条書三ヵ条のうちの第一条）

「刀狩り」は刀だけではなく、その他のさまざまな武器をすべて集めようとしていたのです。つまり、当時の農民は刀だけでなく脇差、弓、槍、鉄砲も所持していたことがわかります。弱者である農民がなぜ鉄砲まで持っているのでしょうか。

たしかに、秀吉ならずとも少々怖くもなります。

農民は兵士

戦国時代の兵士は「農民兵」でした。

ふだんは農業をしながらいくさのときには武器をもって出かけたのです。当然のことながら武器は常備されています。刀だけでは勝てませんから、弓矢も槍も鉄砲も持っています。ですから、農繁期にはいくさは極力避けられていたようです。お米や野菜などの作物が収穫できなかったら食べるものがなくて戦争どころではないからです。

しかし、武器はいくさのときだけ使われたわけではありません。どんなときに使ったと思いますか。

六年生の子どもに予想させてみました。

「うさぎとか鹿とかを取って食料にする。狩猟のため」

「イノシシとかクマとか畑を荒らす動物を駆除するため」

「泥棒とか追い払ったり、悪い奴が村に来たら戦うための護身用」

「戦いに備えて日常的に剣の練習をした」

面白いところではこんな意見も出ました。

「暇なときに弓矢で的当てゲームをした」

荒唐無稽とは言えません。時代劇などで武士が弓矢の練習をしているシーンはよく見られます。

「弓矢の腕は誰が村で一番か」賭けている輩がいてもおかしくないでしょう。

じつは、農民たちはいくさ以外にこんなときに武器を使用していたことがわかっています。

①シカやイノシシの狩猟。農作物を食い荒らす獣の駆除。
②盗み・放火・殺人などの犯罪の取りしまり。
③村どうしの縄張り争い。
④いくさから村を守るため。

戦国時代の農民にとって、武器はいくさのときだけでなく日常的に必要なものだったことがわかります。子どもたちの予想は正解なのです。

日本中世史を専門とする藤木久志さんは以下のように言っています。

「中世以来、村々の百姓の男たちは刀とともに成人し、自前の武器をもって武装していた。その武器を、ふだんの生活の中で、害鳥獣の駆除に、村の治安に、山野河海のナワバリ争いに、地域の防衛に、自在に使いこなし、それを「自検断」とよんで、「人を殺す権利」さえも、村ごとに行使していた。（中略）日本人の共同幻想ともいうべき、丸腰の民衆像という刀狩りの通念は、あけすけに百姓の武装解除をうたった、秀吉の刀狩令書、つまり一片の法令を、わけもなく政策の貫徹と読み変え、歴史の実像に目をつぶることで、成り立ってきた。法にあることは実現されたのだと、みなじつに素直であった。だが法と現実の間には、意外な距離があった。」（藤木久志『刀狩り』岩波新書　二二一〜二二三ページ）

冒頭の「かわいそうな農民」に降りかかる刀狩イメージは、ここで言う「丸腰の民衆像」によって出来上がってしまったものであることがわかります。

最後の「法と現実の間」の「意外な距離」が「刀狩」を理解する上での大きなポイントです。

「刀狩令」（一五八八年）を読んでみましょう。

第一条　日本全国の村人は、刀・脇差・やり・鉄砲、その他の武器をもつことは禁止する。じつは村人がよけいな武器をもつことで、年貢を納めるのをしぶったり、一揆を計画したり、領主にはむかったりする。それに、武器をもつと田や畑の仕事をなまけたりするので領主や役人は責任をもって武器を没収すること。

第二条 取り上げた刀・脇差はムダにするのではない。いま、京都に作っている大仏殿で使う釘や鎹《かすがい》にするのだ。そうすれば仏様のお役にたち、この世はもちろんあの世でも救われる。

第三条　武器をすてて農具だけを手にして農業をがんばれば子や孫の代まで末長く幸せにくらせる。

では、ここでシミュレーションしてみましょう。

秀吉が天下を統一した頃の農民たちの立場でこの「刀狩令」を追体験しましょう。それをもとに「刀狩令」の本当の意味を考えてみたいと思います。

■シミュレーション

豊臣秀吉による天下統一後の農民になって話し合う

「刀狩令」を読んだ村人たちがこんな会話をしています。

「おい。秀吉様が出したお触れを読んだか？」

「刀狩令だろ。おれはぜったい反対だ！いくら秀吉様だってこれだけは許せん」

「ずいぶん怒っているなあ」

「当たり前だろ。刀や脇差は俺たちにとって大事な魂みたいなもんだぞ。それを取られて悲しくないのか？」

「うーん…確かにそれはさびしいよなあ。刀は〈一人前の大人〉の証明みたいなものだからな」

「そうだろ。それにシカやイノシシを取るのに鉄砲はぜったいに必要だぞ。田や畑を荒らされたときに追っ払うのにも使うからな」

「でも、狩猟や駆除で使う場合は許可書を出せばいいらしいよ。クリキ村のゴン太に聞いたんだけど、許可書を出したら鉄砲は出さなくてもOKになったんだって」

「それ、本当なの？」

「本当さ。秀吉様もちゃんと考えてくれているんだよ」

「でも、去年もモモキ村のヤツらとカキカキ山のナワバリ争いがあったじゃないか。あのときにおまえがヤリ、おれが刀で相手をおどかしてやったら逃げて行ったよな。それで山を守ったようなもんだ。だから武器は必要だよ」

「それも喧嘩停止令《けんかちょうじれい》というお触れが出て、ぜんぶ秀吉様が公平にお裁きをしてくれるらしいぜ。ナワバリ争いなんかで武器を使うと死者が出て危ないから禁止になったんだって。それにもう天下は統一されたからいくさもなくなったし武器は必要ないんじゃないかなあ」

「おれは信じないぞ。信じられるのは自分だけさ。自分のことは自分で守る気がなけりゃだめだ。秀吉様はうまいことを言って武器を集めて自分のものにしようとしているんだ」

「集めた刀は大仏殿の釘やカスガイにするって言ってるじゃないか。仏さまのために使うんだからいいことだよ。信じようよ」

「だまされるもんか！きっと秀吉様は、むかし信長様に歯向かった一向宗のような一揆になるのを恐れているんだ。俺たちだって不満に思うことがあったら力で対抗できるようにしておかないと何をされるかわからないぞ」
「そうかな。俺なんかは農業に専念できるんならそっちのほうがいいけどな。秀吉様たち武士を専門にする人たちに守ってもらえれば楽チンだよね」
あなたが当時の村人だったら「刀狩」に賛成ですか？反対ですか？自分の意見を決めてみてください。

なお、私は六年生三クラスで実践してみたのですが、子どもたちの意見分布は次のようになりました。

一組　賛成二十四名　反対六名
二組　賛成二十七名　反対二名
三組　賛成二十六名　反対四名

面白いことに三クラスとも賛成が圧倒的となりました。

両者の意見を見てみましょう。

＊賛成
「すでに秀吉が天下を統一しているのだから、いくさは無くなったはず。だったら武器は必要ない。平和な方がいい」

「秀吉は農民出身なんだから農民のことはよくわかっていると思う。いろいろなことを決めてよくしてくれている」

「一揆を企てても天下統一している秀吉にかなうわけがない。武器を持っているのは無駄だ」

「武器を持っているのは危ないし、けんかや争いの原因になる。武器を持っていると縄張り争いなどで死者が出る可能性が高まる」

「武器が無くなれば争いも減るはず」

「許可書もあるし、公平な裁きもしてくれるのだから、農業に専念できた方が安心して暮らせる」


ここで多かったのは、情勢判断による意見です。

天下は統一されていくさは無くなっているし、天下人の秀吉に刃向かってもかなうわけはない、そもそも戦う必要がなくなっているという考え方です。刀狩り後の対応策も示されていることに言及している子もたくさんいました。

もう一つは「死者を出したくない」などの危険回避策としての刀狩りの意味を積極的に見いだしている意見です。

農民出身の秀吉は農民に不利になることをするはずがない、秀吉を信じたい！と言う意見もあります。

＊反対

「許可書を出すなら、鉄砲だけにすればいい。刀については恨んでいる人もいるようなので、反乱が起こる可能性がある」

「動物駆除に必要なんだから、いちいち許可書をもらうのは大変。いつでも自由に使えるようにしないと田畑が荒れてしまう」

「刀を持っていた方がカッコいいし、とにかく自分の所持品なんだから、それを取られるのはおかしい」

「盗みとか放火とか殺人とかはいつの時代でも絶対に無くならない。自分のことは自分で守れるようにしておく必要がある」

これは理由がさまざまでした。

鉄砲だけに限定した改正案、生活上の不便さを訴えるもの、所持品はあくまで自分のものだという意見などです。

犯罪に対する自衛手段の重要性を訴える子もいます。

「刀狩令」の実態

もちろん刀狩は実施されたのですが、それでも次のような光景が日本のあちこちで見られたと言うのです。以下の二例はすでに紹介した藤木久志さんの著書に記されているものです。

◆その一　摂津・鳴尾村と瓦林村（一五九二年）

二つの村が用水をめぐって争いになった。どちらも弓やヤリをそろえ、馬に乗って大がかりな合戦となり、双方ともに多く死傷者を出した。村から代表が呼び出されて裁判となり、「喧嘩停止令」により八十三人が死刑になった。さらに裁判は続き、双方で話し合いが行われ用水の権利を絵図にすることで争いは静まった。

◆その二　山城・醍醐の村々（一六〇〇年）

合戦が行われているとき、この村に「城攻め用の竹を集めるのだ」と言って略奪に来た兵士百五十人が集団で押しかけてきた。

村に住む武士が寺の鐘をつくと、それに気づいた農民たちも武器を持って武士といっしょに一斉に立ち向かった。恐れをなした兵士たちは「助けてくれ」と言ったので見逃してやった。

不思議な話ですね。「刀狩令」で村から武器はなくなったはずなのに、どの村も山ほど武器を持っています。

じつは「刀狩令」はあまりまじめに行われなかったのです。秀吉自身もほんとうに武器を全部集めることなどできっこないと思っていたようです。しかし「刀と脇差だけはできるだけ集めろ」と言っていました。

再び藤木さんの著書から引用します。

「刀狩令は、すべての百姓の武器の没収を表明していた。しかし、現実には、村の武器の根こぎの廃絶というよりは、百姓の帯刀権や村の武装権の規制として進行した。武器を使って「人を殺す権利」は抑制されたが、村々にはなお多くの武器が留保された。」（藤木久志『刀狩り』岩波新書 一一九ページ）

「刀狩」のほんとうの目的は〈一人前の大人〉の証明である刀と脇差を集めることにありました。

刀・脇差を取り上げて農民と武士をはっきり分けようと考えたのです。

当時は村に住む「村人」と町に住む「町人」に分かれていました。ここから「武士」を別にして「農業・商業・工業をする人」と「政治・いくさをする人」に分けて専門化し、国づくりを進めようとしたのです。

秀吉の兵農分離政策の歴史的な意味に気づかせることがこの学習のテーマなのですが、高校にお勧めの先生から「この授業の最後に太閤検地との関連に触れるべきだ」というアドバイスをいただきました。農業に専念できるようになったのは刀狩令だけではなく、太閤検地による耕作地の確保・耕作権の保障も重要であることを教える必要があり、刀狩令と太閤検地をセットで教えることが正しい理解につながるという助言でした。

なお、藤木久志さんによれば、刀狩令は秀吉の平和政策の基調となる惣無事令《そうぶじれい》の一環として発令されたと考えられます。惣無事令とは戦国大名間の紛争解決を武力ではなく豊臣の裁判権によって解決させるというもので、ここには戦国大名だけでなく百姓らの大規模な争いを禁止する喧嘩停止令も含まれています。

この中にあって刀狩令は武器廃止の命令を通じて「刀」という「戦う人」の象徴を破棄させ、それをテコにして職業の専門化を進めようとする長期的な政策だったのです。

それにしても、日本全土にあった紛争を停止させることができるのは秀吉のような天下人だからこそ可能なのでしょう。

戦乱は力によってしか止められません。平和も力によってしか生み出せないのです。

徳川《とくがわ》 家康《いえやす》

一五四二〜一六一六年。江戸幕府初代将軍。幼い時は今川氏の人質として過ごす。信長と結んで戦国大名としての地位を築いた。秀吉の死後、関ヶ原の戦いで反徳川勢力を一掃し、江戸幕府を開いた。

大名の処分をどうするべきか

―安定政権の維持をめざす徳川家康になって決定する

二六〇〇年続いた平和な時代―江戸時代。
この江戸時代の基礎を築いた初代将軍・家康。
武家諸法度と呼ばれるお触れで全国の大名たちを統制した。
家康は平和を維持するためにこれをどう運用したのか？

違反した大名の処分をどうするか？

織田がつき　羽柴がこねし天下餅　すわりしままに食うは徳川

これは教科書にも載っている有名な川柳です。

織田信長が「天下布武」を掲げ、豊臣秀吉がそれを引き継ぎ、徳川家康が安定した政権を打ち立てたという三人の関係がうまく表現されています（なお、この川柳のもとは幕末の天保～嘉永期に、徳川氏を揶揄《やゆ》する意味で作られたものだと言われています）。

「すわりしままに」などと言われると、家康という人物の見方が、「棚ぼた」な幸運の持ち主的イメージとなりますが、果たしてどうなのでしょうか。

中世史家の黒嶋敏さんは秀吉から家康への引き継ぎを次のように分析しています。

「プロジェクトの全体像に大きな修正がないとすれば、豊臣から徳川への政権交代は、じつは担当者の交替にすぎない。秀吉から家康への政治展開は、天下統一のリレーとして引き継がれた連続的なものと考えることができるのであり、天下統一プロジェクトは徳川の治世へと繰り越されていく政治課題なのであった。」（黒嶋敏『天下統一―秀吉から家康へ』講談社現代新書　十六ページ）

さらにこのリレーの最終走者である家康のゴールイメージについてこう述べています。

「結論を先取りしてしまえば、天下統一の着地点は、新たな政治権力の統治を全国的に受け入れていく時代であり、やはり江戸幕府の支配が軌道に乗ってきた時期となってくる。」（同　十六〜十七ページ）

冒頭に紹介した川柳は「引き継ぐ」という意味では合っていますが「すわりしままに」という表現にはやや悪意があるようです。

なぜなら、家康の成し遂げた仕事は、まだ中途の段階にあった天下統一プロジェクトの完成だからです。

その仕事の中身は、戦国の世を終わらせた秀吉からバトンを引き継ぎ、その統治システムを全国的に広げて安定させるものだった、と言ってよいでしょう。

この「広げて安定させる」ところに家康政治のポイントがあるようです。

江戸幕府は二六〇年間

家康が開いた江戸幕府の二六〇年間に十五人が将軍になっています。次ページの将軍の一覧表を見てみましょう（ウィキペディア「徳川将軍一覧」を参考に作成）。

どんなことに気づきますか。

子どもたちからは次のような意見が出されました。

「全部徳川だ」

「出身にいろいろな徳川家がある」

「いちばん長い人は五十年も将軍をやっている」

「お墓はほとんどが寛永寺か増上寺」

名前	将軍の期間	出身	お墓がある所
①徳川家康《いえやす》	二年二か月	徳川氏	日光東照宮
②徳川秀忠《ひでただ》	十八年三か月	徳川氏	増上寺
③徳川家光《いえみつ》	二十七年九か月	徳川将軍家	輪王寺
④徳川家綱《いえつな》	二十八年九か月	徳川将軍家	寛永寺
⑤徳川綱吉《つなよし》	二十八年五か月	館林徳川家	寛永寺
⑥徳川家宣《いえのぶ》	三年五か月	甲府徳川家	増上寺
⑦徳川家継《いえつぐ》	三年一か月	徳川将軍家	増上寺
⑧徳川吉宗《よしむね》	二十九年一か月	紀州徳川家	寛永寺
⑨徳川家重《いえしげ》	十四年六か月	紀州徳川家	増上寺
⑩徳川家治《いえはる》	二十六年四か月	徳川将軍家	寛永寺
⑪徳川家斉《いえなり》	五十年	一橋徳川家	寛永寺
⑫徳川家慶《いえよし》	十六年二か月	徳川将軍家	増上寺
⑬徳川家定《いえさだ》	四年八か月	徳川将軍家	寛永寺
⑭徳川家茂《いえもち》	七年九か月	紀州徳川家	増上寺
⑮徳川慶喜《よしのぶ》	一年	一橋徳川家	谷中霊園

当たり前のことではありますが、将軍になれたのは徳川家のみです。よく言われることですが、「創業者」の家康は将軍職をわずか二年で息子の秀忠に譲っています。これは「将軍は徳川氏しか継ぐことはできない」ということを強くアピールする狙いがあったからだと言われています。

いろいろな徳川家を作って徳川の「血」が絶えないようにしたことも徳川氏の江戸幕府支配の一つの工夫だったと言ってよいでしょう。徳川家は家康の九男・十男・十一男によってできた御三家（水戸・尾張・紀州）や八代将軍吉宗のアイデアから始まった御三卿（田安・一橋・清水）など、宗家が断絶したときの危機回避体制を持っていたのです。

面白いのは各将軍のお墓がある場所です。上野の寛永寺と芝の増上寺に交互に葬られています。なお、初代・家康は日光東照宮で神様になっていて、家光はその偉大な祖父が眠る東照宮のすぐ隣にある輪王寺《りんのうじ》に葬られました。

三種類の大名の配置

さて、家康は内政において長期安定政権を維持するためのシステムを着々と作っています。そのうちの一つが大名の配置です。
次ページの大名配置図を見てみましょう。
これは小学生でもよく課題として出される資料です。
子どもからは以下のようなことが指摘されます。

＊外様大名は江戸から離れている。
＊親藩や譜代は江戸の近くにあるものが多い。
＊外様と江戸の間にときどき親藩や譜代がはめ込まれている。

幕府に刃向かう恐れのある外様大名を江戸から遠い場所に配置し、幕府の味方となる親藩・譜代で江戸を守るように配置したことが目で見てわかります。

「幕府は全国二〇〇あまりの大名を、徳川一族からなる親藩《しんぱん》、関ヶ原の戦い以前から徳川氏の家臣であった譜代《ふだい》大名、関ヶ原の戦い以後、徳川氏に従《したが》った外様《とざま》大名の三種類に分け、徳川氏に反抗《はんこう》しにくいように配置した。」（『日本人の歴史教科書』自由社一〇一ページ）

江戸時代初期の主な大名の配置

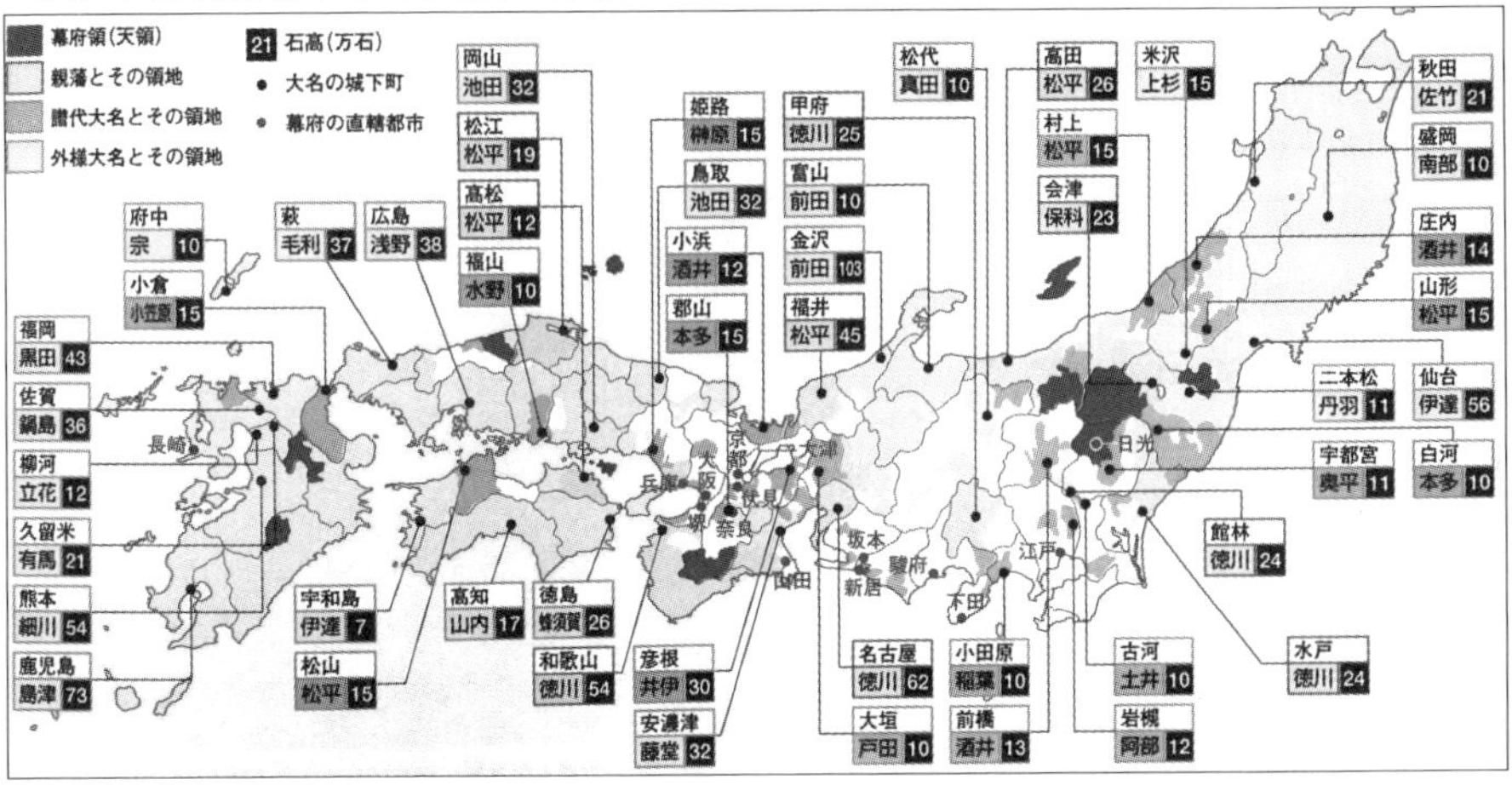

新版 中学社会『新しい歴史教科書』（自由社）

①親藩……徳川家の親戚の大名。

この中でもとくに尾張徳川家、紀伊徳川家、水戸徳川家は御三家と呼ばれ、もし将軍に跡継ぎが生まれなかった場合は御三家の中から次の将軍を選んだ。

②譜代……関ヶ原の戦いよりも前から徳川家につかえていた大名。

昔からの家来なので幕府の中でも大事な役につけ、重要な領地を与えた。

③外様……関ヶ原の戦いのあとに徳川家につかえ始めた大名。

譜代に比べて信頼がないので、幕府内では大事な役にはつけない。領地も都から遠い場所を与えた。

さて、ではシミュレーションしてみましょう。

家康は、安定した平和な時代を維持するために各地の大名に対してどんな態度で臨んだのでしょう。武家諸法度の運用を家康になって追体験してみます。

江戸幕府が二六〇年も続いた理由が見えてきます。

■シミュレーション

安定政権の維持をめざす徳川家康になって決定する

あなたも徳川家康になって考えてみて下さい。

家康はこれからの幕府を安定させるために「武《ぶ》家《け》諸《しょ》法《はっ》度《と》」という大名などに対するきまりを作りました。どんなことが書いてあるか読んでみましょう。

①学問や武術に励みなさい。
②遊んでばかりいてはいけない。
③きまりに違反した者を、自分の領土に隠してはいけない。
④城を修理するときは必ず幕府に許可を得ること。新しく城を作るのは禁止する。
⑤となりの国であやしい動きがあったらすぐに報告しなさい。
⑥幕府の許可がなければ結婚してはいけない。
⑦倹約を心がけなさい。
⑧大名には、能力のある者を選んでその地位につけなさい。

さて、「武家諸法度」の④についてさっそく困った問題が起こった、という設定にします。城の修理についてのルールを破った大名が二人もいたことにしましょう。

二人は次のように言い訳をしていますが、あなたが徳川家康になって大名の処分を下してください。

なお、二人とも事前に許可を取らないで自分の城を修理していることにします。

＊外様さんの言い分
「徳川氏に刃向かうつもりなのか?と疑っているのですね。わたしは、いまは家康様の家来になっているので徳川氏に刃向かおうなんて考えたこともありません。それに城の修理と言っても雨漏りするので少し屋根を直しただけです」

＊譜代さんの言い分
「城の修理については家来に任せていたのでうっかり届けるのを忘れてしまいました。確かに今度の修理は城を大きくするための大規模な工事ですが、わたしたちは徳川氏の昔からの家来ですから刃向かうわけがありません」

◆あなたが家康ならどうしますか?
A：外様も譜代も処分する
B：外様は処分するが譜代は処分しない
C：譜代は処分するが外様は処分しない

二つのクラスでこの内容を授業しましたが、ほぼ同じ傾向の話し合いとなりました。約三十名のクラスで意見の人数分布を取ると、Aが十五〜十七人、Bは十人前後、Cが四〜五人という結果がでました。

◆Aに賛成
「これはルールなんだから外様と譜代で処分がちがったらみんな怒るに決まっている」
「譜代だってあやしい。戦国時代の明智光秀の例があるじゃないか」

前者がAで一番多い意見でした。誰であっても公平に裁くべきだという意見です。後者もなかなか面白い意見です。光秀の例を出されると確かに納得してしまいます。

◆Bに賛成
「外様は警戒しなければいけないから」

ここまでの学習を踏まえればもっともな意見です。

◆Cに賛成
「外様とか譜代とかではなくてルール違反の中身の深刻さで決めるべきだ」

この例では雨漏り修理は許してもいいだろうが大規模修理は危険だろう、というところがポイントです。修理の規模が裁定の基準になるべきだという考えです。

家康は、徳川家にさからう大名や幕府に対して危険であると考えた大名は「おとりつぶし」としました。これは外様だけでなく親藩や譜代も同じです。

つまり、親藩や譜代であっても例外は認めなかったというわけです。

ですから、もし本当に家康が処分を下すとしたらAの可能性が高いと言えるでしょう。

井沢元彦さんは、武家諸法度の本質は「外様つぶし」ではないとして以下のような「無嗣絶家《むしぜっけ》」の例を上げています（井沢元彦『逆説の日本史12　近世暁光編』小学館文庫　二四八～二五〇ページ）。

江戸幕府は、大名が死んだ時点で世継ぎがいない場合は取りつぶすというルールも、後に武家諸法度の中に入れました。このルールは外様以外にも厳しく適用されています。

①家康の子にも適用

一六〇三（慶長八）年に家康五男・武田信吉（武田家を継いでいた）、一六〇七（慶長十二）年に家康四男・松平忠吉が取りつぶし（ただしどちらも武家諸法度制定以前）。

②譜代にも適用

平岩親吉、大久保忠佐（武家諸法度制定以前）及び二代秀忠の時代に本多忠刻（千姫の夫）、三代家光の時代に鳥居忠恒が取りつぶし。

井沢さんは次のように結んでいます。

「つまり、武家諸法度は少なくとも大名統制特に改易に関する限りは、おおむね公平な運用がされていたといえよう。」（二五〇ページ）

言われてみれば当たり前ですが、例外を作っていたらルールはどんどん自己崩壊してしまいます。例外を認めないからこそ武家諸法度は「鉄の掟」となって大名を押さえ込むことができたのでしょう。

こうして家康が作った江戸幕府によって戦国時代は完全に終わりました。

アメリカ人のM・アームストロングさんは武家諸法度を次のように評価しています。

「家康は憲法典をつくったのである。オヤッと思われる読者も多かろうが、家康は武家諸法度、公家諸法度の基盤を作り、武家社会と公家社会に規律と秩序をもちこんだ。いわばその階級の憲法典である。鎌倉幕府以来、このような成文法を、しかもこれほど大胆に政治にもちこんだリーダーはいなかった。」（M・アームストロング『アメリカ人のみた徳川家康』日新報道　一九〇ページ）

なお、「憲法典」がある憲法が成文憲法であり、ないものが不文憲法です。憲法が書かれたものを「憲法典」と呼びます。

このような「憲法典」を強く実施できたのは江戸幕府が他の大名よりもけた外れに強大であったからです。

江戸幕府は京都、大坂、堺など重要な場所は幕府が直接治める「天領」とし、幕府を守る旗本の領地を含めて約七〇〇万石を独占しました。これは日本全体の四分の一に当たります。さらには佐渡金山など重要な鉱山も幕府のものとして圧倒的な力を持ち、全国の大名、お寺や神社、天皇や朝廷まで「法度」を作って支配しました。

その後、大名に対しては「参勤交代」などで常にお金を使わせて幕府に反抗する力をたくわえられないようにしました。また、小さな問題でもゆるさずに大名を処分しました。

このように、強いものが設定した厳しいルールができたからこそ、戦国時代を完全に終わらせて、二六〇年に及ぶ世界でもめずらしい平和な長期安定政権となったのです。

戦国時代までは「自力救済」の考え方が一般的でした。つまり、自分たちの権利はすべて自分の実力でしか守ることはできなかったわけです。現代のように自分たちを助けてくれる役所も警察もありません。ですから、物騒な話ですがごく一般の農民だって自衛のために武装していたのです。

「自力救済」とは裏を返せば「弱肉強食」ということです。この「自力救済」という物騒な解決方法から「公」の力で解決する方向へ大きく動かしたのが秀吉です。

秀吉は「惣無事（そうぶじ）」を掲げて平和令を打ち出しました。

こんな方針を強く打ち出せたのは天下人である秀吉だからです。飛びぬけた力のある者にしかこのような方針転換はできないでしょう。

そして、これを引き継いだのが家康です。

家康の仕事は決して棚ぼたなどではありません。「惣無事」の考え方をより安定したシステムとして構築し、それを順守させるという難題に挑んだのです。家康は人治から法治へと転換させる近代的な法感覚を持っていたと言ってもいいかもしれません。

しかし、それも秀吉同様、天下人という「力」によってしか実現することはできなかったはずです。

先に紹介したM・アームストロングさんはこう言っています。

「平和とは力による。平和に酔い、平和が空気の如く当然という感覚になると、その平和は内側から崩壊する。史上類のない長期の徳川帝国の平和は、家康が確立した「力による平和」だった。その本質を学んだのが倒幕派の志士たちであり、虚妄の平和に酔った幕末の官僚が破れたのは自然の公理による。したがって、力を背景とせず修辞学の話合いに興じる日本外交が弱いのも、今のところ当り前のことだろう。」（同一八八～一八九ページ）

なお、このアームストロングさんの著書は今から三十年以上前の昭和五十八年に発行されたものですが、この提言は、今の日本にもそっくりそのまま当てはまるように思います。

わたしたちは「平和とは力による」というシンプルな視点で世界をもう一度見回してみる必要があるのではないでしょうか。

杉《すぎ》田《た》 玄《げん》白《ぱく》

一七三三〜一八一七年。江戸時代中期の蘭学者。江戸・小浜藩下屋敷に生まれる。前野良沢・中川淳庵らとオランダ語の解剖書『ターヘル＝アナトミア』を訳して『解体新書』を出版した。

『解体新書』になぜ「日本」と書き込んだのか

―西洋医学を広めようとする杉田玄白になって理由を考えてみる

西洋の医学書に出会った蘭学者たちの驚き。
それは、医学の世界を変えようとする使命感へと変わった。
そして解剖に立ち会い、未知のオランダ語との格闘が始まる。
完成した『解体新書』に、玄白はなぜ「日本」と書き込んだのか？

漢文で書かれた『解体新書』

江戸時代、オランダ語で書かれた医学書『ターヘル・アナトミア』を翻訳した『解体新書』が出版されました。

翻訳したのは杉田玄白をはじめとする蘭学者たちです。

江戸期の蘭学者たちがオランダ語の医学書を手に入れ、この書物の内容を確かめるために実際の腑分け（人体解剖）に立ち会い、困難を伴う翻訳事業に挑戦するという有名なエピソードがあります。

ご存じの通り、この玄白たちのエピソードは実証的精神の覚醒、西洋の言葉との格闘として語られることが多いのですが、じつはもう一つ見逃してはならない重要なポイントがあります。

それは『解体新書』は漢文で書かれているという点なのです。

じつは、この玄白たちの翻訳は意外なことに二段階――オランダ語から集団討議で日本語に直し、さらに玄白がその日のうちに漢文に訳して記録—なのです。

「昼の会読では、一つの言葉とか文章とかをめぐって議論百出、考えあぐねてため息だけというようななかから、彷彿として訳語を見い出し、決定をするという、にぎやかな集団思考作業である。ところが、その了解点を持ち帰って、その日の夜のうちに翻訳の草稿を書きあげるという作業、これは杉田玄白が一人で、孤独に打ち勝って頑張り通した作業であった。翻訳作業というが、この作業は、実は漢文に仕立てていたわけである。」（片桐一男『知の開拓者　杉田玄白—『蘭学事始』とその時代』勉誠出版一三九ページ）

蘭学史・洋学史を専門にしている片桐一男さんは　漢文に仕立てたところまでを「翻訳」としているところが「注目しておかなければならない点」だとしています。

なぜ、杉田玄白は日本語で終わらせずに漢文にまで仕立てていたのか、ここに焦点をあててこの翻訳エピソードを見ていきたいと思います。

まずは、次ページの二つの人体解剖図を比べて見てください。何か気づいたことはないでしょょうか。どちらもよく教科書に取り上げられることの多い図版です。

A

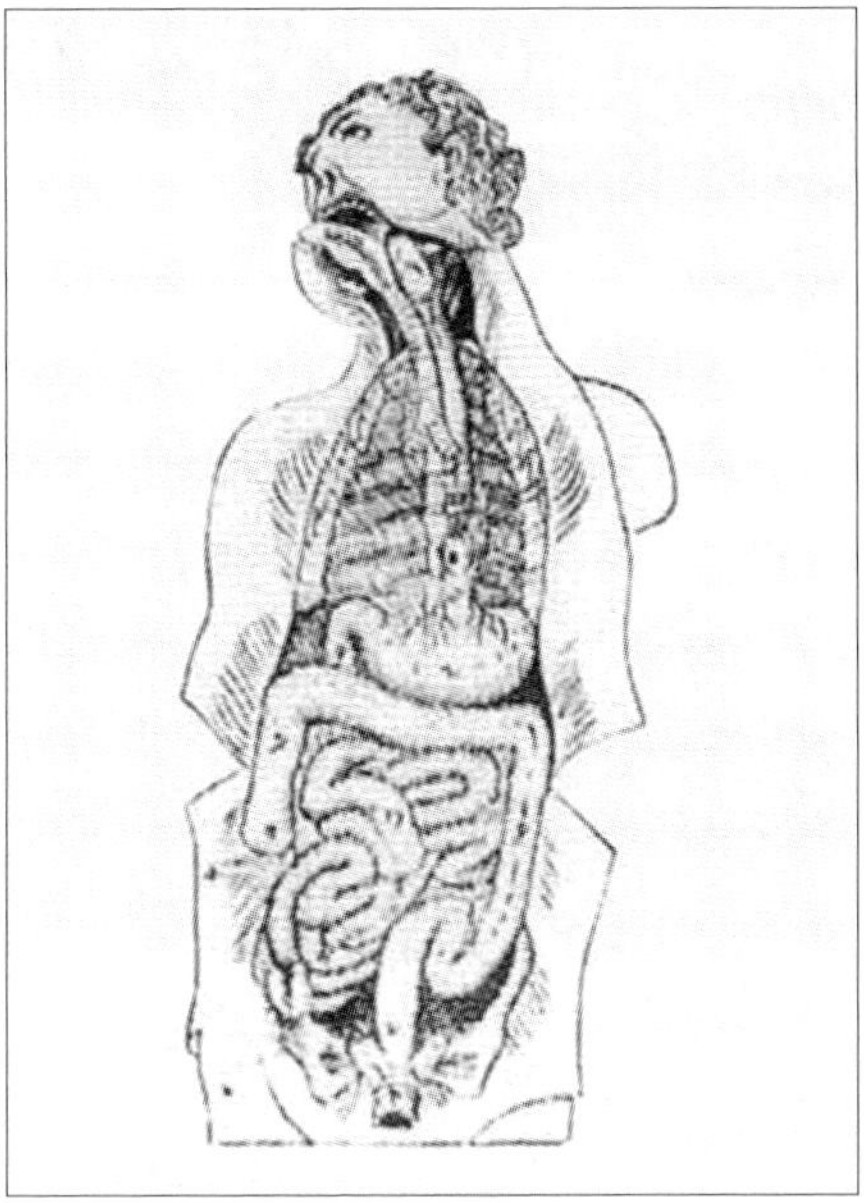

早稲田大学
図書館・蔵

B

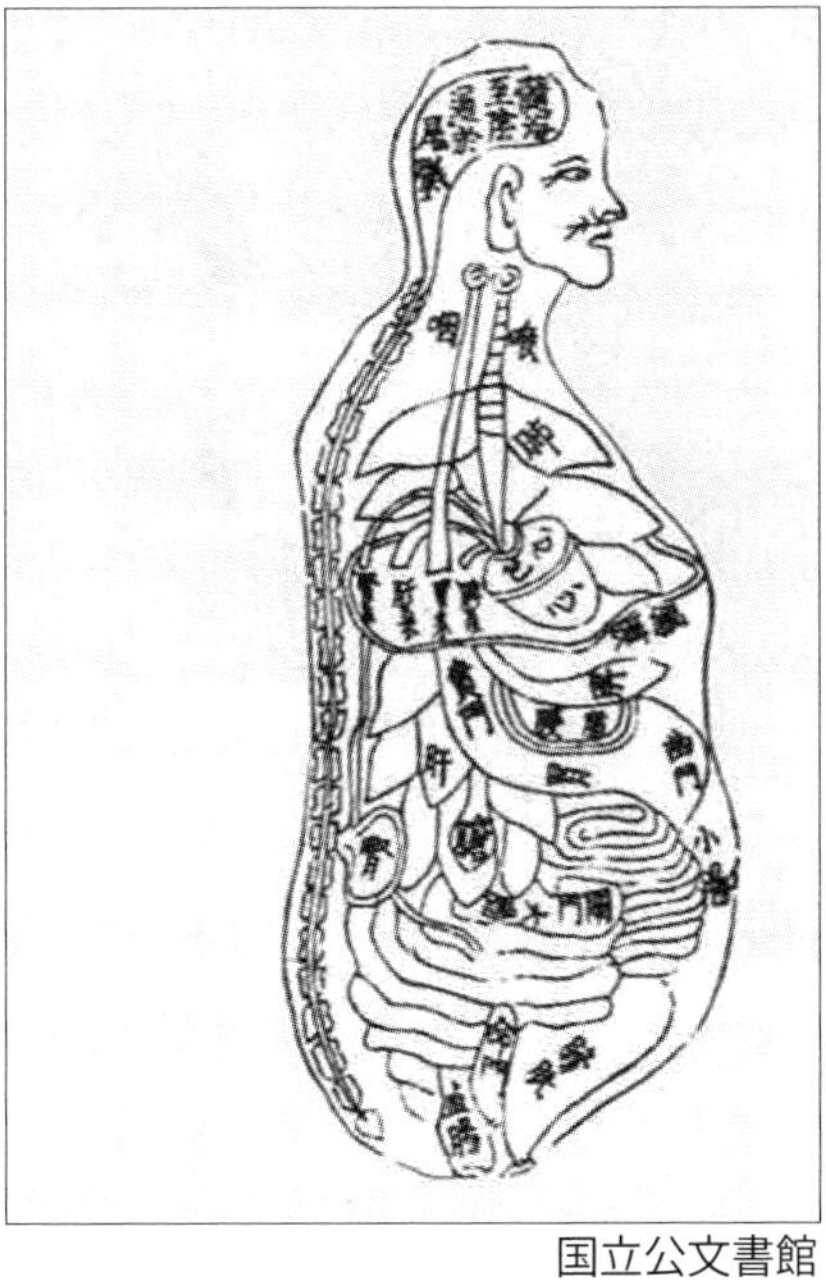

国立公文書館
内閣文庫・蔵

なお、Aはオランダ医学書の図、Bは中国漢方医学書の図です。誰もが気づくのはAの方がリアルに描かれているという点です。玄白たちもここに強く引きつけられたようです。

対してBは明らかに模式的です。臓器等の名称は一つ一つ書き添えられていますが、なにかの引き写しのように感じられます。

後に、玄白は『蘭学事始』で『ターヘル・アナトミア』との出会いを次のように語っています。

「もちろんわたしはその書の一字も読むことはできなかったが、内蔵の図にしても骨格図にしても、これまで見聞きしてきたのとはまるでちがっていた。これはきっと実地に見て図解したものにちがいないとわかると、わたしはなんとしてでもこれを手に入れたくなった。それにわが家も代々オランダ流の外科を唱えてきている以上、このような本をせめて本棚に備えておくぐらいはしたいものだとも考えた。」（責任編集　芳賀徹『日本の名著22　杉田玄白　平賀源内　司馬江漢』中央公論社　一〇二ページ）

当然ですが、医者が患者である人間の人体内部を正確にとらえているかどうかは重要な問題です。現代の私たちは日常的に病院でレントゲン検査や、ＭＲＩ（磁気共鳴画像）検査を受け、自分の人体を検査してもらっています。自分の人体内部を正確に見てもらうことで安心して治療を受けていると言っていいでしょう。

江戸時代の日本人蘭学者たちはこのリアルな人体解剖図に出会うことで「人体内部を正確に知りたい！」「この目で確かめてみたい」という純粋な医学者魂を揺さぶられたのではないかと推察します。

オランダの医学書を翻訳しよう！

杉田玄白は、小浜藩（いまの福井県）の医者の家に生まれました。玄白もお父さんの跡をついで江戸で医者をしていました。

ある日のこと、玄白のもとへ同じ医者仲間の中川淳庵が一冊の本を持ってきました。

それはオランダ語で書かれた医学書『ターヘル・アナトミア』でした。

ページをめくるたびに玄白の目はこの本にくぎ付けになりました。オランダ語はまるで読めなかったのですが、そこに描かれている人体解剖図があまりにも精密なことに驚いたのです。

「この本の図はこれまで信じていた中国の漢方医学の図とかなり違っている。どちらが正しいのだろう？医者として人間の体の中をこの目で見て確かめてみたい」

じつはもう一人の医者仲間である前野良沢も同じ本を手に入れて同じことを考えていました。

玄白たちは偶然にも骨ヶ原（いまの東京都荒川区南千住小塚原）で死体の腑分け（解剖すること）を見るチャンスを得ることができました。

「それが肺で……これが心臓か……」

「中国の漢方の図はまちがいが多いが、オランダの図はじつに正確だ」

玄白は、実際の人体内部と本にある図を比較してオランダの医学書の正確さに再び驚き「ぜひとも『ターヘル・アナトミア』を日本語に訳したい。そして日本の医学のために役立てたい」と思いました。

同じ意見の三人は、さっそく翌日から翻訳を開始し、その後、数人の仲間が加わることになりました。

じつは、玄白も他の数人もほとんどオランダ語を読めません。オランダ語の知識のある良沢も、翻訳を行うには不十分な語学力しかありません。辞書もないし、オランダ語の通訳は長崎にいるのでなかなか質問することもできません。このような難しい状況の中で翻訳作業は始まりました。

ある日、「鼻」の説明のところに「フルヘッヘンド」というオランダ語が書かれていましたが、意味がわかりません。ヒントはないか、とさがしてみると別の本に「木の枝を切った切口はしばらくするとフルヘッヘンドする」「庭のそうじをするとごみや土が集まってフルヘッヘンドする」と書かれていました。

「これはどういう意味だろう？」

みんなで頭を寄せ合って考えていると、玄白が叫びました。

「わかった！枝の切口はしばらくすると高く盛り上がる、ごみや土も集まればそこが高くなる。だから、フルヘッヘンドは『うず高く』だ。鼻も顔の中で高くなっている」

ひとつの言葉でこれだけ時間がかかるのですから、一日かかっても一行も訳せないこともありました。

こうして苦労に苦労を重ねながらようやく翻訳が終わったのは一年半後でした。

この日本語訳は『解体新書』という書名で出版されました。

以下は『解体新書』全巻の内容です。

巻1　総論、形態・名称、からだの要素、骨格・関節総論及び各論
巻2　頭、口、脳・神経、眼、耳、鼻、舌
巻3　胸・隔膜、肺、心臓、動脈、静脈、門脈、腹、腸・胃、腸間膜・乳糜管、膵臓
巻4　脾臓、肝臓・胆嚢、腎臓・膀胱、生殖器、妊娠、筋肉
別巻　図版集

このようにオランダ語で書かれた書物などを通して西洋の学問を研究することを蘭学《らんがく》と言います。

さて、翻訳も終わり、いよいよ出版です。

しかし、前野良沢は「この本の作者のところには自分の名前は入れないでほしい」と申し出ました。良沢は「まだまだこの本の翻訳は不十分で正確とは言えない」と考えていたのです。

しかし、玄白は「不十分なところはあるが、病に苦しむ人とそれを助けようとしている医者のところへいっこくも早く届けたい」と考えていました。

玄白は「いちばん苦労をかけた良沢の名前ははずせない」と考えて説得しましたが、良沢は首をたてにふりません。そこで、残念ではありますが作者のところには良沢の名前を書かないことにしました。

ところで、この作者名のところを見て下さい。四人の名前の上に「日本」と書かれています。ふつうは日本で出版される本にわざわざ「日本」と入れることはありません。

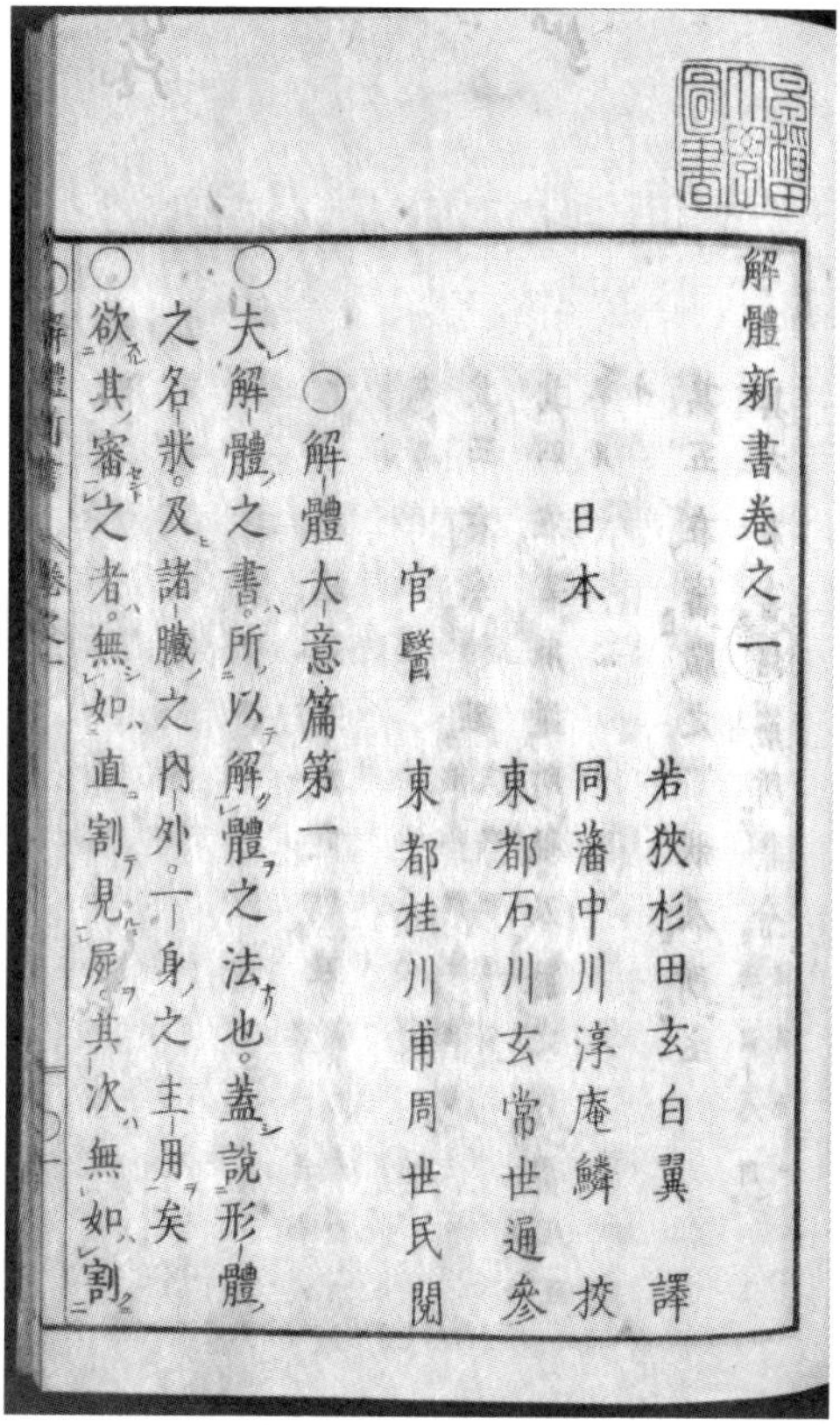

解體新書巻之一

日本 若狭 杉田玄白翼 譯

同藩 中川淳庵鱗 挍

東都 石川玄常世通 參

官醫 東都 桂川甫周世民 閲

○解體大意篇第一

○夫解體之書。所以解體之法也。蓋説形體之名状。及諸臓之内外。一身之主用矣

○欲其審之者。無如直割見屍。其次無如割

早稲田大学図書館・蔵

ではここからがシミュレーションです。

杉田玄白になって追体験することで、なぜ著者名のところに「日本」と書き入れたのかを考えてみたいと思います。

使命感に燃える江戸時代の蘭学者たちの熱い思いを感じてみましょう。

■シミュレーション

西洋医学を広めようとする杉田玄白になって理由を考えてみる

玄白はどのような理由で仲間である四人の名前の上に「日本」と自分の国の名前を入れたのでしょうか?

杉田玄白になってその理由を考えてみて下さい。

さあ、どうでしょうか？

みなさんはどんな理由があると思いますか？

子どもたちの意見を紹介します。


「外国の人たちにも読んでもらい、日本の医学者はすごいんだぞということを知ってほしかった」

「日本人が書いたんだ、と外国とくに中国に知らせるため。中国の解剖図は間違っていると教えようとした」

「輸出するときに日本人が書いて、日本で出版していると伝えるため。日本の存在をもっと知らせたかった」

「未来の日本人にもわかるようにしたかった」

「ここに書いてある四人以外の日本人の協力があったからこそ翻訳できたから」

「前野良沢の名前の代わりに日本と入れた。そうすれば、杉田玄白たち以外にも翻訳に協力した日本人がいることを伝えることが出来る」

「日本と入れなければ中国やオランダの真似をしたと言われるかもしれないので、日本と書いて日本人が作ったという証明にする」

「日本で作られたということを歴史に残したいし、違う国の人が見たら日本はこんなにすごいんだぞと思ってもらえると考えた」

「日本も医学に力を入れている、というのを他の人に伝えたい。たくさんの人に解体新書を広めたい。漢字で書かれていれば中国にもわかるから、中国にも広めて、日本もすごいぞ！と思わせる」

「日本と入れることで日本の信用を深めてもらうため。今まで中国のものを使っていたので、日本のものが正確ということを伝えて使ってもらうため」

「中国の漢方医学の本は間違っている部分が多いので、中国の人にも正しい医学を知ってもらいたいと思った」


子どもたちから出てきた意見を見てみると――

日本の医学や医学者のレベルの高さを知らせたい。

日本及び日本人の力を証明したい。

など、子どもらしい素朴なナショナリズムに言及したものがほとんどでした。また、その延長上にあると言っていいと思いますが、中国に正しい医学知識を逆輸入させたい、という意見もあります。

じつは、これらの解答はすべて真実に近いと言えそうなのです。

杉田玄白は『解体新書』凡例』の中で以下のように言っています。

「シナの歴代の医家のなかには、内蔵や骨格のことを論じた者がかならずしも多くなかったというわけではない。とくにその古代の医論のなかには、ときに真実の一端をついているものもあり、そのなかにはとるべき点がないでもない。ところが時代が下って（明代）、馬玄台《ばげんだい》とか孫一奎《そんいっけい》、滑伯仁《かつはくじん》、張景岳《ちょうけいがく》といった人たちになると、上・中・下の「三焦《さんしょう》」また「椎節《ついせつ》」ということをそれぞれに論じるのだが、その論がみなたがいにくいちがっているのである。（中略）なんとまたひどく粗雑な医学であったことか。だいたい、内蔵や骨格の位置がひとつでもちがえば、人間はどうして人間たりえよう。いったい、なににもとづいて治療をほどこすというのであろう。」（責任編集　芳賀徹『日本の名著22　杉田玄白　平賀源内　司馬江漢』中央公論社一四八〜一四九ページ）

中国の医学界への辛辣な批評です。

玄白は、中国の医学者たちは「古くからの観念に目・耳を汚され惑わされていたため」に真実を見ることができなかった、と言っています。

それにしても、中国医学の歴史にずいぶんと詳しいことに驚きます。

さらに、次のように結論づけています。

「それゆえ、自分のなかの古いものを捨てて面目を一新した者でなければ、新しい医学の世界に踏みこむことはできない。」（同　一四九ページ）

玄白は、自分たち日本の医学者は西洋医学の研究という方向においてそれを成し遂げることができた、と胸を張っています。今まで学ぶ側だった自分たちが漢方医学の世界を乗り越え、実証的精神ともいうべき正しい学問的態度を身につけたことに誇りを感じているのではないでしょうか。

ところで、オランダ語の翻訳を漢文に仕立てるところまで取り組んでいたということは、すでに『ターヘル・アナトミア』の翻訳を思い立った時点で「今度は自分たちが教える番だ」と思っていたのかも知れません。

他の意見としてユニークなのは前野良沢との友情説です。良沢のことを思って「日本人」という括《くく》りの中で四人と良沢との結びつきの強さを表現しようとした、というものです。また、四人以外の多くの人の協力があったから、これを日本という共通項で括って表したのだ、と言う意見もあります。

いずれにせよ、国号を背負うということは、必然的に対外国、対国際関係を意識することであり、自分のやることが国を代表するという大きな責任につながっていると言えるでしょう。

『解体新書』を広めたい！

片桐一男さんは、次のように言っています。

「それにもまして同志四人の最上部に「日本」と明記した二文字を見逃すわけにはいかない。玄白はこの二文字に大きな意味を持たせていたのである。「解体新書も色々工夫仕候得共、多く漢人未説者御座候故（中略）及ばずながら運ニ叶ひ唐迄も渡候者《らはば》」と、漢人未説の内容を、いや真の医学を知らしめようとの高遠なる意気込みを含ませていたのである。杉田玄白が昼の会読の了解点を持ち帰って、夜、孤独に打ちかって一生懸命頑張り通した、孤独の献身であったと言っているこの作業は、実は漢文で書いたというところに、よくあらわれている。これは、言ってみれば、漢方の本拠に自分たちの華人未説の説をぶつけて、そして医学の世界を一新しようという大目的があったわけである。そのために漢方の本拠である中国へ、これを投げつけたい、送りつけたいという気持ちがあったのだろう。「日本」という二文字を上に掲げた点に、彼らの心意気が大きく見える。」（片桐一男『知の開拓者　杉田玄白ー『蘭学事始』とその時代』勉誠出版　一六〇ページ　この引用文中の（中略）は著者・片桐氏）

四人の名前の上にある「日本」という言葉を見ると、真の医学を自分たちの国から広めたい！という玄白たちの気持ちが伝わってきます。

なお、玄白はこの『解体新書』を確実に広めるために『解体約図』という予告パンフレットを作っています。これは三枚の図を重ねて光に通すと骨・神経・内臓が重なって人体図になるという工夫されたものでした。

『解体新書』の出版によって日本の医学は大きく発展しました。また、当時の日本は鎖国をしていましたが、これによって日本人の中に「西洋から学ぶことは大事なことだ」と考える姿勢が生まれたと言えるでしょう。なお、この翻訳のときに玄白たちが作った「神経」「軟骨」「動脈」などの語は、現在も使われています。

■子どもたちの感想

＊杉田玄白たちが人体に関係する言葉を作ったことに驚きました。また、それが今でも使われていることにも驚き、興味がわきました。一年半もかけて一冊の本を作ったところに玄白たちの努力が伝わってきます。

＊今日の勉強で昔の人の優しさや頭の良さがわかりました。中国に恩返しするという気持ちに感動しました。杉田玄白はとても友達思いな人だとわかったので楽しくなりました。

＊予告パンフレットの話を聞いて、すごいと思いました。他の人があまりやらないことをする発想のある玄白はすごいです。もしこの人体解剖図の本を出版していなかったら、今の図はどうなっていたのだろうと気になりました。

高杉《たかすぎ》 晋作《しんさく》

一八三九～六七年。幕末期の倒幕運動の志士。長州藩（山口県）出身。吉田松陰の松下村塾に入門。身分にかかわらない奇兵隊を創設。倒幕運動の画期となった長州戦争で幕府軍を破る中心となった。

晋作の「一番ショック」はなんだ

―上海に渡航した高杉晋作になって考えてみる

幕末―新しい時代を夢見た若き勤王の志士たちがいた。
そんな若者の一人、長州藩の高杉晋作。
その晋作が東洋の大国・清国の上海へ渡航して見たものは？
彼のナショナリズムを覚醒したものは何だったのか？

ナショナリズム

吉田松陰、坂本龍馬、西郷隆盛などの幕末の志士たちの人気は大人のみならず子どもにおいても高いものがあります。その理由は、人物自身の魅力にもあるし、その人物たちが激動の時代を生き抜く姿にもあると思います。

しかし、私はもう一つ大事な要素があると思うのです。

それは幕末の志士たちの中にあるナショナリズムです。

現代の私たちは、志士たちの行動の中に「日本を守りたい」という純粋なナショナリズムを見ているのだと思うのです。

ところで、ナショナリズムとは何でしょうか。

例えば、オリンピックで活躍する日本人選手やサッカーの日本代表の試合を見ていれば自然と「ガンバレ日本！」と叫びたくなります。

また、海外の人たちが日本製品の技術の高さや品質のよさをほめてくれると嬉しい気持ちになります。

わたしはこれがナショナリズムだと思っています。愛国心と言い換えてもかまいません。その国に生まれ育てば、誰もが持っているごくふつうの感情です。

松本健一さんはナショナリズムについて次のような例を紹介しています。

「第二次世界大戦中、アイルランドには一度も途切れることなく最後まで日本大使館が残っていた。ドイツやイタリアなどの枢軸国では唯一残った大使館だった。これは、アイルランドがイギリスからの、開戦後五年も経つのだから日本大使館を閉鎖してほしいという要求に、「われわれはアイルランドを侵略したイギリスとは、そういう問題では話し合わない」と答えたからである。ナショナリズムはそのような民族の誇りとして現れてくる。つまり、アイルランドが日本との関係で設けた日本大使館だから、イギリスに何と言われてもわれわれの独自の判断をしたい、ということであった。」（松本健一『日本のナショナリズム』ちくま新書　一三一〜一三二ページ）

松本さんはナショナリズムについて「民族の誇り」と「独自の判断をしたい」という二つのキー

ワードを示しています。

私は幕末の志士たちを突き動かした感情はこの二つだと考えています。

ここでは志士の一人である高杉晋作を例にして、維新の大事業を成し遂げた志士たちのナショナリズムの覚醒を追体験してみましょう。

魔王と呼ばれた晋作

高杉晋作の一生をかんたんにたどってみましょう。

①将来を期待されていた
晋作の生まれた長州藩の高杉家は、戦国時代のむかしから殿様の毛利家に仕えている由緒正しい家柄で、高杉家だけではなく殿様からも将来を期待されていました。

七歳ごろから藩校の明倫館で学び、十二歳ごろからは兵術や弓・槍・剣道に熱中しました。

②負けず嫌いだった

明倫館で学んでいた晋作はこれだけではあきたらず、十九才で吉田松陰の「松下村塾」に入門しました。そこには一つ年下の久坂玄瑞がいました。玄瑞は松陰先生も絶賛する秀才です。負けず嫌いの晋作は猛勉強を始め、他の生徒も一目置く存在となりました。

その後も玄瑞と晋作の二人はよきライバルとして松陰先生を支えていきました。

③幕府との戦いで活躍

一八六六年、晋作の長州藩と幕府の間で戦争が始まりました。日本の中で「尊皇攘夷」のリーダーシップを取っていた長州藩が幕府打倒の旗印をかかげたからです。これを「長州戦争」と言います。晋作も船を指揮して幕府軍を打ち破りました。

幕府軍は数ではまさっていましたが、意見が一つにまとまっていませんでした。また、戦国時代からあまり変わらない旧式の装備でした。これに対して長州軍は武士だけでなく民までもが一つにまとまり、西洋から最新式の鉄砲や船を購入していました。

④魔王

長州藩は自分たちの藩たった一つで、無謀にもイギリス・フランス・アメリカ・オランダの四カ国連合艦隊と戦争をしたことがあります。結果は完敗です。

晋作は、このときの戦争後の話し合いの代表に選ばれました。長州藩は負けた側ではありましたが、晋作は臆することなく相手側と対等に議論しました。このときの晋作のことを相手側の外国人通訳は「まるで魔王のようだった」と記録に残しています。

⑤結核で亡くなる

長州戦争の終わりごろから晋作は体調がすぐれませんでした。肺結核にかかっていたのです。肺結核は当時は不治の病でした。無理な行動をくり返したため、急激に悪化したのです。晋作は二十九才という若さで惜しまれながら亡くなりました。

なお、子供たちは④のいわゆる下関戦争（馬関戦争）にたいへん興味を持ちます。これまでの学習の中で「西洋列強は圧倒的に強い」という印象を持っているので、たった一藩で四カ国連合艦隊と戦争をしたことに驚きます。

ではここでシミュレーションです。

高杉晋作の清国・上海への海外視察を追体験しましょう。晋作は上海でさまざまな見聞を重ねました。

この時、彼のナショナリズムに火をつけたものは何か?について考えてみましょう。

■シミュレーション

上海に渡航した高杉晋作になって考えてみる

一八六二年四月。

晋作は千歳丸という船で清国の上海へ四ヶ月におよぶ海外視察へ出かけました。

もちろん、海外へ行くのは初めてのことです。

晋作はこのときのことを日記に書きとめ『遊清五録《ゆうしんごろく》』という本に残しています。

この日記の中から四つのエピソードを読んでみましょう。

高杉晋作は、以下の四つのエピソードの中でどれにいちばんショックを受けたと思いますか？　一つ選んでその理由を考えてみてください。

また、ショックを受けた晋作はこれからの日本はどうするべきだと思ったのか、考えてみてください。

①五月六日
ようやく上海に到着。ここは清でいちばん大きな港のはずなのだが、泊まっているのはヨーロッパの商船や軍艦ばかりである。船の帆柱がすごい数なのでまるで森のように見える。陸にはこれもヨーロッパの商館の白い壁がえんえんと続いていてまるでお城のようだ。

②五月十三日
イギリス領事館から少し離れたところにガーデンブリッジという橋がある。この橋は今から七年前に一度こわれたらしい。ところが清国人には橋を直す力がなかったので、イギリス人がこの橋を作り直した。そこで清国人はこの橋を通行するたびにイギリス人にお金を支払わなければならないという。

③五月二十一日

清国人はことごとく西洋人にこきつかわれている。イギリス人やフランス人が町の中を歩けば、清国人はみんなはじによって道をゆずりビクビクしている。ここは清国の町のはずなのにイギリスやフランスの町のようだ。

④六月十七日

午後、イギリス人が守っている砲台を見学し、イギリス製の最新式のアームストロング砲を見た。現在、わが国が使っている大砲はほとんどが筒先から玉薬を入れるが、この大砲は手元から玉薬を入れる。だからとても便利だ。図に書き残しておこう。

なお、二つのクラスでこの課題を与えたところ、意見分布は以下のようになりました。

①一組　○人　　二組　○人

②一組　四人　　二組　四人

③一組　十五人　二組　二十人
④一組　四人　二組　六人

＊①を選んだ子はいませんでした。
清は東洋の大国です。

その清国の港が西洋のごとき風景になっていることに目を奪われた晋作の驚きが子どもたちにはうまく伝わらなかったかもしれません。

＊②を選んだ子の意見
「これからの日本は、何か壊れたらすぐに直し、外国人に頼りすぎない方がいい。外国人を自由にしたら清のように通るたびにお金を取られるかもしれない」

「清国人が橋を直せなくて、それをイギリス人が直したのは親切かもしれないと思う。でも、お金を取ることはない。日本は何かを直したらお金を取るケチくさいことはしない国づくりをしよう」

「もともとは清の橋なのに、イギリスが直しただけで清の民からお金を取るか？普通に対等に過ごせばいいのに。日本は、こんなことがないようにしたい。全員対等に暮らせる国づくりがしたい」

「清国人が直す力がないということで、イギリスに頼み、作ってもらったとはいえ、通行する人がお金を支払わなければいけないというのはあまりに卑怯だ。日本はこういうことが起きないように自分たちの力を付けなければいけない」

これらの意見に共通しているのはイギリス人の「上から目線」に対する反発です。少なくとも自分たち日本人はこういう「みみっちい」ことはしたくない、という気持ちが子どもたちの発言の中に表れています。

なお、この橋修理のエピソードには晋作の勘違いがあるようです。

晋作は日記の中で、

イギリス領事館から五、六間ほど離れ、新大橋と名付けられた橋がある。今から七年前、古い橋が朽ちて崩れてしまったが、支那人には再建する力が無かった。そこでイギリス人がこの橋を架けた。支那人は通行するたびに、イギリス人に一銭を貢がなければならないという。（一坂太郎『高杉晋作の「革命日記」』朝日新書　二三九〜二四〇ページ）

と書いていますが、実際はもともとこの場所には橋はなく、渡し船で往復していました。そこにイギリス人が橋を架けて建築費の回収という名目で通行料を徴収していたのです。しかし、これを屈辱に感じて無料の渡し船を営んで抵抗していた中国人もいたようです。

（同　二七二〜二七三ページ）

＊③を選んだ子の意見

「この頃の日本人は植民地にされたくないと思っている時だったから、植民地にされたらこんなひどいことになるんだって思い知らされている感があってショックで、日本は弱くても堂々と強そうにするべきだと考えたと思う」

「清国人がことごとく西洋人にこきつかわれているところがショックを受けたと思う。もしも、これが日本人だったら耐えられないし、自分の存在を見失う」

「清の人たちはもう、自分たちの居場所がなくなってしまっている。自分の国なのに普通の生活ができない。これからの日本は西洋に負けたとしてもちゃんと自分たちの意見を言うべきだ」

「清国人が簡単にやられてイギリスやフランスの国のようになっているから、これからの日本は清国人と同盟を結んで、イギリス・フランスを倒す」

「日本が開国したらこうなるのではないか、と思った。③から④の日にちが空いているのでショックすぎて他のことを書けなかったのではないか」

「ここは清の国なのにまるでイギリスやフランスの国みたいになったらとてもいやだと思う。これからの日本は外国人に恐れずに立ち向かっていくことが大切だと思う」

「清の土地は清国人のもののはずなのに、西洋の人たちが清を西洋の一部分と勝手に決めつけて住んでいる。これからの日本は、聖徳太子のときと同じように西洋の国とも対等につきあうべきだと思います」

「西洋の植民地になるのはこわい。まるで自分たちの国が他の人々の国のようだ。日本はどうやってでも植民地になるのを防がなければ！日本は日本としてこのまま行きたい。何か方法や対策を練らなければ。独立する！」

この③が圧倒的に人数が多くなっています。

②の橋のエピソードよりもこちらの方がより強いインパクトがあったようです。西洋列強に植民地化されるということはこういうことなんだ、ということがストレートに伝わるからでしょう。

こきつかわれている——

ビクビクしている——

イギリスやフランスの町のようだ——

こうした言葉に人間の尊厳が踏みつけにされている様子が目に浮かんでくるのだと思います。

紹介した一坂太郎さんの本からここの部分の日記を全文引用してみます。（二四四〜二四五ページ）

五月二十一日　骨董店に行き、書画を見て過ごす。

この日、終日閑坐《かんざ》してよくよく上海の形勢を考える。支那人はことごとく外国人にこき使われ、イギリス・フランス人が市街を歩けば、清人はみな傍らに避けて道を譲る。実に上海の地は支那に属すといえども、イギリスやフランスの属地といってもよい。北京はここを去ること三百里。そこには必ずや、中国の美風が残っているはずである。期待してこの地を訪れたら、ああ、慨嘆してしまうだろう。よって、呂蒙正《りょもうせい》が宋の太宗《たいそう》を、見聞を広めねばよろしくないと諫《いさ》めたことを思う。
わが国といえども油断してはならない。支那だけのことではないのだ。この日手紙を書き、名倉に託して陳汝欽に送る。

最後の「わが国といえども油断してはならない」の一文に晋作の決意を感じることができます。日本人・高杉晋作のナショナリズムに火が付いたのは間違いないでしょう。

なお、ここに出てくる陳汝欽《ちんじょきん》という中国人は上海城の西門を守る兵士で、晋作と意気投合した人物です。晋作は彼と筆談したり本を交換したそうです。

「陳もまた、祖国の将来を案じる「志士」だったからだ。陳との別れにさいし、晋作が贈った漢詩の一節「患難《かんなん》に遇《あ》う毎《ごと》に又君を思わん」は、国境を越えて、二人の間に芽生えた友情の深さを物語る。」（同　二二二ページ）

晋作は漢学が得意だったということですから、筆談でかなり突っ込んだ意見交換もなされていたのではないでしょうか。

＊④を選んだ子の意見
「今の日本は、筒先から入れるから時間がかかるのに、イギリスのは手元から入るから負けるのは当たり前だと思う。これからは日本もイギリスから最新式の大砲を買って、研究を重ねるべきだ」
「日本の大砲とは比べものにならないから、戦争を仕掛けても絶対に負けてしまう。これからの日本は、もっと兵術を改良すべきだ！これでは戦争を仕掛けられたら植民地だ」

これは現状の日本と西洋の軍事力の差にショックを受けて、国防の準備をすべきだと言う意見です。

晋作が図を描いて記録している、という記述に着目して大砲の研究や兵術の改良の必要性に言及しているのだと思います。

ところで、残念ながら晋作は「これが一番ショックだった」とは書き残していません。

ですから、本当の「一番ショック」はわかりません。しかし、ここでは当時の幕末の志士たちが「このような経験をしたら」という観点で幅広く意見を出してもらうことがねらいです。

これらの子どもたちの意見を読んでみて強く感じることは、どの項目を選んでいても必ず「植民地化への恐怖」を述べているという点です。では、日本はどうすればよいか?という次への対策も具体性のあるものではありませんが「侮られてはいけない」「軍備の充実」の二点が提案されています。

子どもたちは晋作の日記を読むことで晋作になりきり、当時の志士たちの気持ちを追体験しているのです。

じつはこの『遊清五録』は上海滞在中の見聞記録で、日記だけではありません。

①「航海日録（正・続）」と「上海淹留《えんりゅう》日録」という日記

②「内情探索録」「外情探索録」「崎陽《きよう》雑録」という情報記録

の二つから成っています。

「航海日録」には時・里数・船向・風などの一覧表も付いているそうです。見るもの、聞くもの一つも漏らさずにすべてを記録しようとしたのでしょう。当時の幕末の志士たちの能力の高さと情熱を感じます。

上海から帰った晋作はどうしたか？

上海から帰った晋作は次のように言っています。

「清国の上海の状況を調べたり、北京の情報を聞くと、わが国・日本も植民地化されないような策をすぐにでも打たなければ清国と同じようになってしまうだろう」

晋作が言う「策」とはどんなものでしょうか？

それは――

日本人が独立の心をもち、西洋に負けない軍備を充実させること

晋作は帰国すると独断でオランダから蒸気船を購入する契約を結びました。また、今回の航海でイギリス人から実地に学んで航海術を身につけ、くわしい日誌をつけています。そして、軍艦や大砲を国内で作ることができるように西洋の技術を学ぶ必要性を訴えました。

さらに、晋作は奇兵隊《きへいたい》という新しい軍隊を作りました。武士の上下関係よりも、その人の持っている実力を重視し、武士でなくてもやる気のある者は農民でも入隊を許可したのです。外国と戦うためには武士だけでは足りません。人口の九〇%をしめていた民の力も必要になっていたのです。奇兵隊には入隊希望者が次々と押しかけました。この後、長州藩では、遊撃隊・御楯隊・八幡隊・お相撲さんによる力士隊などさまざまな軍隊が四〇〇以上結成され、活躍しました。

■子どもたちの感想

＊晋作の奇兵隊から軍隊が結成されて活躍したということは軍隊のもとは晋作なんですね。晋作の心構えも、軍隊の結成も、勇気がなければできないことなので晋作はすごい人だと分かりました。

＊一番印象に残ったことは、晋作の日記です。西洋人の力が強くて、みんなが怖がっていたことが改めて伝わってきました。そして、「日本人が独立の心を持ち、西洋に負けない軍備を充実させること」……この言葉と奇兵隊を作るという考えがすごいと思いました。

＊晋作はこんなにも策を練り、日本が植民地になることを誰よりも心配していたはずなのに二十九才という若さで死んでしまうなんて、どうして大きなことを成し遂げたり、有名になって活躍したりする人は若いうちに死んでしまうのだろう?と歴史の勉強をしていていつも思います。神さまぁ……。

伊《い》藤《とう》博《ひろ》文《ぶみ》

一八四一〜一九〇九年。明治期の政治家、初代総理大臣。長州藩（山口県）出身。松下村塾に学び木戸孝允や高杉晋作とともに尊王攘夷運動の志士となって明治新政府の樹立に貢献した。

明治憲法の制定方針を話し合う
―伊藤博文になって日本政治の未来について考える

明治維新を成し遂げ、初代総理大臣となった伊藤博文。
憲法作成のために渡欧し、さまざまな意見を聞いて悩み抜いた。
日本の将来を見据えてどんな憲法にすべきなのか―。
伊藤がめざした日本政治のあるべき姿とは？

三つある?伊藤博文像

みなさんは国会議事堂に伊藤博文の銅像が三つあるのを知っていますか。

国会議事堂内

参議院前庭
(HP 日本掃苔録)

一つは議事堂内にあります。

この銅像は、私も六年生を引率して国会議事堂を見学したときに見たことがあります。

もう一つは参議院の前庭にあります。

さて、問題になるのは三つめです。

これはなんと国会議事堂のてっぺんにある?と言われているのです。

いくら目を凝らしても議事堂のてっぺんに銅像らしきものはありません。

これはいったいどういう意味なのでしょうか。

右は神戸の大倉山公園にある、銅像の台座。国会議事堂に似たデザイン。
（HP 神戸市公園緑化協会）より

上の写真を見てください。

これは、神戸の大倉山公園にある台座です。よく見ると、この台座のデザインが国会議事堂と似ていませんか。

この台座を設計したのは武田五一さんという京都帝国大学工学部の教授だった方です。じつはこの台座に戦前は伊藤博文の銅像がのっていました。それが戦時中の金属供出で撤収されてしまい、今は台座だけが残っているのです。面白いことに国会議事堂を設計したうちの一人、吉武東里さんはこの武田さんの弟子なのです。

これについて瀧井一博さんが鈴木博之さんの著書『日本の〈地霊《ゲニウス・ロキ》〉』にあるエピソードを紹介して次のように解説しています。

「吉武は議事堂の設計にあたって、帝国議会誕生の歴史について、大いに勉強したに相違ない。そのときに、彼はわが国における議会制度導入にあたっての、伊藤博文の大きな存在感に気づいたことであろう。吉武は伊藤関係の史跡についても調査したものと推察される。そうして、彼は自分の師である武田がデザインした大倉山公園の伊藤像に突き当たった。その台座は、新しい議事堂の頂を飾るにふさわしいのではないか。このようにして、あの尖塔の意匠が成立したという。つまり、設計者である吉武のコンセプトでは、あの尖塔の上には、伊藤博文の影が立っている、ということになる。」（瀧井一博『伊藤博文』中公新書　はしがきより）

というわけで「議事堂のてっぺんには伊藤博文の銅像がある」という都市伝説が生まれた？というわけです。

授業では、子どもたちに「日本でもっとも重要な話し合いの場である国会議事堂に伊藤博文の銅像が三つ？もあるのはなぜだと思いますか」と問いかけます。

もちろん、この三つめの銅像は実際にはありませんから、都市伝説として子どもたちに紹介します。こういう話には子どもたちは興味津々で乗り出してきます。

「初代総理大臣だからではないか」

「明治時代に一番偉かったのかな？」

「国会は話し合いの場だからきっと重要な話し合いを解決させたのだと思う」

「国会に深い関わりがあったから」

「じつは伊藤博文が国会議事堂を設計したのでは？」

私が傑作だと思ったのは次の意見です。

「きっと政治家としてとても厳しい人だったから、後の国会議員がサボらないようにするために油断させまいとして作ったのではないか？」


じつはこの最後の意見は当たらずとも遠からずなのです。


長州藩出身の伊藤博文はもともとは農民です。その後、下級武士となった博文は吉田松陰の松下村塾に入門しました。ですから、高杉晋作は先輩になります。

のちに伊藤博文は日本の初代総理大臣になっています。

新しい日本の政治を進めるためには憲法が必要です。

ではここからがシミュレーションです。

この憲法を作るためにリーダーシップを取った伊藤博文になって憲法づくりを追体験してみましょう。明治憲法の方針を考えてみることで、明治期のリーダーがどのような国づくりをめざしていたのかを理解することができるでしょう。

■シミュレーション

伊藤博文になって日本政治の未来について考える

(1) まずはアドバイスを聞いてみよう!

明治新政府は、新しい国づくりを進めるためには西洋の国々と同じように憲法が必要であると考えていました。しかし、なにぶんにも初めてのことなのでどこから手をつけていいか分かりません。

そこで、憲法を作るために西洋の国々に学ぶことにしました。伊藤博文をリーダーとしてヨーロッパへ調査団を派遣したのです。伊藤博文は三人？の外国人からアドバイスを受けました。このアドバイスをあなたもいっしょに聞いてみましょう。

①グナイストさん（ドイツの法律専門家）のアドバイス

憲法は外国のものをそのままマネすればいいというものではありません。自分の国の歴史や文化にピッタリしたものでなければうまくいかないのです。

ところで、日本の憲法に「議会を開く」ということも入れるのですね。それは大事なことですが、議員たちが自分の意見ばかり主張して決めたいこともなかなか決まらなくなります。ですから、外交や予算のことは政府が決めるというルールにすることをおすすめします。

②シュタインさん（オーストリアの法律専門家）のアドバイス

私も同じです。憲法は自分の国の歴史を木の幹にして、そこにヨーロッパで学んだ知識を枝にしていくことが大事です。あわてて西洋のマネをすれば国が混乱することになるでしょう。

ところで、国民が政治に参加するためにも議会は大事ですが、話し合いはどうしても議員の利害や関心に左右されます。すると安定性がなくなるので、国にとって大事なことを安定して進められるように政府の力を強くしたほうがいいでしょう。

③西洋人のひそひそ話

そう言えば、十年ほど前にトルコ人が憲法を作ったけど、うまくいかずに一年間で憲法停止・議会解散になったな。やっぱり西洋人以外には憲法を使った政治はできないんじゃないの？

（2）これからの日本に必要な憲法はどうあるべきなのか？

以下は当時の状況を踏まえた架空の話し合いです。

みなさんは自分が憲法制定の責任者である伊藤博文になったつもりで話し合いに参加してみて下さい。伊藤博文は以下の三人の意見を聞いて悩んでいます。

＊Aさん
歴史を見ると、日本は天皇を中心にまとまってきました。ですから、憲法も天皇を中心にするべきです。いまの日本で責任を持って大事なことを決定できるのは天皇しかいないではありませんか。

日本はまだ弱い小さな国です。西洋の国々にいつ植民地化されてしまうかわかりません。議会を開いたとしてものんびりと話し合いをしている時間はないのです。議会の力は最小限にして天皇中心のリーダーシップで政府が引っ張っていく憲法にしましょう。

＊Bさん
たしかに、日本の歴史を考えれば天皇中心にまとまっていくのに賛成です。でも、実際の政治は新しい日本を作るために、すぐにでも議会を開き、国民が政治に参加できるようにすることが大事です。

Aさんの言うとおり、日本はまだまだ弱い国です。多少の混乱はあっても、西洋と同じように議会を強くしなければいつまでたっても追いつくことはできません。だからこそ、議会で決めたことを大事にして政府が動くような憲法にしましょう。

＊Cさん

私も日本の歴史を見れば天皇を中心にまとまるのが大事だと思います。ですから、天皇には日本の代表として「すべてを見ている存在」になってもらいましょう。そして政府と議会が天皇を助けて政治を進めるのです。

あわてて議会の力を強くするのは危険です。西洋の国々は日本の国内が混乱し、争いが起きるのをねらっているのです。まずは政府のリーダーシップで日本の基礎を固め、それから徐々に議会の力を強めて、あわてずに国民中心の政治へと成長していける憲法にしましょう。

さて、あなたが伊藤博文ならどの人の意見に賛成しますか？

話し合い前の子どもたちの意見分布を見てみましょう。

＊1組……A　〇人　B　五人　C　二十二人

＊2組……A　二人　B　五人　C　二十二人

この問題の構成上、AとBの折衷案に近いCが多くなるのは予想されました。

＊Aに賛成

「のんびり話し合いなんかしていたら、西洋にやられて植民地にされてしまう」

少数派のAの意見はこれまで学んできた植民地化の恐怖を前面に出した意見でした。

＊Bに賛成

「日本は弱い国だけど、ゆっくりしているといつまでたっても西洋に追いつけなくて、置いて行かれてしまう。ここで一気に追いついて西洋と対等に貿易などを行えるようにしたい」

「西洋人より強い国を作るためには、西洋人と同じレベルにならなくてはいけない。今はまだ弱い国だがまずは同じレベルにまで行かなくては強い国になれない。議会で決めたことはすぐに実行しましょう」

「天皇中心はいいと思う。けれど、なんでも天皇だけで決めるのはよくない。国民も政治参加できるようにするのがいいと思う。議会で決めて、それを大事にして政府・天皇が動けば速く西洋に追いついて植民地にならないですむ」

この意見は西洋の政治システムをすぐに取り入れて対等に張り合いたい、という気骨のある意見です。その考え方の背後にはやはり植民地化への恐怖があります。

＊Cに賛成

「私も天皇中心にまとまるのが大事だと思います。Cさんと同じようにあわてて議会の力を強くするのは危険で、もしかしたら日本が植民地にされてしまいます。なので、政府と議会が天皇を助けて政治を進め、国民中心の政治へ成長していける憲法になったら、日本も安定すると思います。新政府もできたばかりだから徐々に力を持っていくのがいいと思います」

「やっぱり西洋人は日本国内が混乱して争いが起きるのをねらっていると思うから、そのために少しずつ議会の力を強めて、日本の基礎を固め、不満が出ないようにすることが大切だと思います」

「日本がいきなり議会の力で日本を動かしていったら、みんな自分の意見ばかり主張して混乱してしまう。だから、天皇の助けとして小さな規模から、だんだんと大きく中心に近づけていった方が、きっと安定すると思う」

「Cなら五か条の御誓文を守り、日本を西洋の国から守れる。Cさんの言うとおり、あわてて議会を開くと国が混乱して西洋がもし攻めてきたら団結力が落ちてしまう可能性がある」

「CさんとAさんは似ているけど、政府がリーダーで、天皇は「すべてを見ている存在」は、これからの日本にいいと思う。西洋人の思い通りにはしません」


Bを急進派とすれば、Cの意見はいわば穏健派です。考え方はBと同じなのですが、慌てずに少しずつ進みたい、という意見です。

誤解されている明治憲法

このように比較してみるとじつは選択肢AもBもCも背後にある問題意識は同じであることに気づきます。それは「対西洋列強を考えたときにいかにして植民地化を回避するか」という問題意識です。

子どもたちが述べている意見もこの点を重視したものが多く出されました。

また、天皇中心という主軸も選択肢A・B・Cともに同じです。あとは天皇・政府・議会の重要性をそれぞれの立ち位置から強く主張しているところだけが相違点です。

なお、「天皇中心」ということの意味について瀧井一博さんの著書を読むと意外なことがわかります。

瀧井さんによれば、伊藤博文は以下のような考え方を持っていました。

①伊藤は「天皇に直接政治の執務を委ねよう」とする意見に反対していました。そして「君主という一個人の意思によって政治が左右されることは望ましくない」と考えて宮中と府中を切り離す改革を行いました。

えっ？　と驚きます。こんなことをしていたんですね。

②伊藤は自分自身が初代総理大臣に就任し、身分に関係なく国民であれば誰もが大臣の職につくことが可能であることを示しました。それまでは大臣になれるのは皇族・華族に限られていました。

考えてみれば伊藤博文は農民出身です。

③明治憲法を欽定憲法として天皇が国民に下賜《かし》したものとしました。なぜ、伊藤は下賜するという形にこだわったのでしょうか。

「欽定憲法ということからは通常、天皇が単独で憲法を国民に授与したものであり、国民の権利を抑制し、天皇の強大な政治的大権を留保したものとのイメージが導かれる。けれども伊藤にあっては、欽定憲法による国民の政治参加の権利と機会の保障という側面が大書され、しかもいったん下された権利は主権者ですら「妄《みだ》りに之を奪はぬ」ものとされるところに憲法の真価が求められているのである。」（瀧井一博『伊藤博文』中公新書　一六一ページ）

一般的には「天皇中心」というと天皇が自由に好きなように決めて実行する、というイメージを思い浮かべます。しかし事実はそうではありません。伊藤は、天皇が下賜したものであるからこそ、これはもはや天皇ですら侵すことのできない国民の政治上の権利となると考えたのです。そして、こうした権利を手にした国民は国家を盛り立てるべく努力するのが天皇に対する義務であると説いています。

このように伊藤は、立憲政治は「天皇と国民が共同で国家の統治を行うという君民共治の原理に基づくもの」と考えていました。しかし同時に「重点は国民の政治参加とその責任に置かれる」とも考えていたのです。

これまでの間違った明治憲法イメージと伊藤博文イメージはすべて刷新する必要があります。

伊藤博文たちの憲法づくり

伊藤博文はヨーロッパから帰ると憲法作成に取りかかりました。

いっしょに作成に参加したのは井上毅・金子堅太郎・伊東己代治の三人です。博文は作成を始める前に三人にこう話したと言われています。

「憲法の作成にあたって、私たち四人はみんな〈憲法学者〉になったつもりで取り組もう。位は私がいちばん上だが、私がまちがっていると思ったら遠慮なく意見を述べて欲しい」

四人は神奈川県の夏島で一年間の合宿も行っています。朝起きるとすぐに議論、ご飯を食べながらも議論、夜は十二時まで話し合いを続けました。こうして、三年後の一八八九年に大日本帝国憲法が完成しました。

ではは伊藤博文たちが作った憲法はどんな内容になったのでしょう?さっきの話し合いと関係する所を見てみましょう。

＊第四条　天皇は日本の元首であり、そのすべてを見ている存在である。なお、この憲法の条文に合わせて必要なことを行う。
＊第三十七条　すべての法律は帝国議会の承認がなければならない。
＊第五十五条　大臣は天皇を助ける責任を持っている。また、法律や国の大事な決まり事は大臣のサインが必要である。

これを見ると、天皇中心ではあるが天皇が何でも勝手に決められるわけではなく、大臣のサインや議会の承認も必要です。このように君主（日本では天皇）を国の中心にしながらも憲法に決められた約束で政府や議会が政治をするしくみを「立憲君主制《りっけんくんしゅせい》」と言います。

伊藤博文たちは、日本人の能力と志の高さを信じて議会の力も決して弱くない理想の憲法を作ったと言っていいでしょう。

授業では、この条文を先ほどの三つの意見に照合させていきました。条文を読み上げながら、A・B・Cに「一票」を入れていきます。

第四条はCに一票となります。

第三十七条はBに一票。

第五十五条はAに一票です。

こう見ると、すべてに一票ずつ入りました。

明治憲法はAの考えもBの考えも含み込んでいるCの考え方でできている、ということを子どもたちには話します。

すでに間違った「天皇中心」イメージを刷新すべきであると述べてきましたが、小学校でも中学校でも一般的には「明治憲法は皇帝の力の強いドイツの憲法を参考にして作った」と教えているようです。日本には天皇がいるので、日本の天皇とドイツの皇帝を同質なものと見てその関係からドイツ憲法が日本に最も参考になると考えた、という理屈です。

しかし、これは短絡的な見方なようです。

すでに問題文を見てわかるように伊藤博文は、ドイツだけでなくむしろオーストリアのシュタインの意見から大きな影響をうけています。さらにイギリスへ出かけて二か月も調査をしていたという事実もあります。

ドイツ憲法だけを参考にしたのではなく、ヨーロッパ各国から学び、日本に適切な憲法のありようを模索していたというのが正しいでしょう。

「明治憲法制定時の伊藤は、constitution を複合的な概念として把握していたと思われる。彼は、形式的な constitution（憲法）理解を超え出て、国会の実質的構造の問題としてそれを捉え直し、さらにはその構造のなかに注入する国民政治の精神を追求したのである。」（瀧井一博『伊藤博文』中公新書　一〇〇～一〇一ページ）

伊藤博文は天皇＝皇帝＝ドイツ憲法などという安直な図式で憲法を捉えていたのではありません。形式的に憲法さえできればいいと考えたのではなく日本の政治制度そのものをベストなものにしたい、と日夜悩みぬいていたのです。

こんな指摘もあります。

「国民の政治参加を進めて議会中心の政治体制を確立するという発想は、憲法成立当初から彼の国家構想のなかにインプットされていたと考えられる。その傍証となるのが、憲法調査時の伊藤の言動である。伊藤はヴィルヘルム一世やグナイストによる反議会制的言辞に反発していた。」（同一〇一ページ）

むしろ、ドイツのグナイストのアドバイスに対して反発さえ感じていたというのです。ますますドイツ憲法＝明治憲法は成り立ちません。

それに対してシュタインは、議会というものの不安定さを指摘する点ではグナイストと同じですが、議会は国民が政治参加するシステムとして不可欠であり、それを補完して公共的な利益を実現するために行政が必要になる、という議会と行政の関係を伊藤に講義したようです。つまり、伊藤博文は憲法だけではなく国家の運営そのものをシュタインから学んだのです。

■子どもたちの感想

＊伊藤博文は外国人の意見も大切にして、それに手を加えて日本の大日本帝国憲法を作ることができたから、国の混乱を防いで納得を得られたのだと思いました。

＊やっぱり、西洋の国をもとにして作っているのだと思った。四人で憲法を作るのがすごいなと思った。西洋に負けない憲法を作ったのがすごい。

＊伊藤博文は西洋人の話を聞きながら日本独自の憲法を作ったことがわかりました。農民から一番偉くなるのが豊臣秀吉みたいだなと思いました。

伊藤博文が望んだあるべき日本の姿は次のような理想の政治そのものであるように見えます。

わが国にはどこの国にもない天皇という存在があります。

その天皇が国民を信じてすべてを任せ、すべてを見てくれています。

だから、国民は安心して自分たちが主体となって国づくりに邁進しましょう。

そのかわりに国民は手を抜いてはいけません。つねに学び、つねに自分たちが主体であることを自覚して政治を進めましょう。

こういう理想です。

天皇主権とはじつは＝天皇＋国民なのです。これが現代の私たちには見えなくなっています。伊藤博文の話を聞けばそれが見えてきます。

ここで冒頭の、小学生の「予想」である「きっと政治家としてとても厳しい人だったから、後の国会議員がサボらないようにするために油断させまいとして作ったのではないか？」を思い出して下さい。

じつは尖塔の上にある？伊藤博文像を紹介している鈴木博之さんも同じようなことを言っているのです。

「伊藤博文の影がそこにある。この意匠は国会に集まる議員たちに、無言のうちに先人伊藤博文の、命をかけた国政への参画の道を示そうとしたのではないか。」（『日本の〈地霊《ゲニウス・ロキ》〉』講談社現代新書

二二六ページ）

伊藤博文は、日本の政治を「見ている」のです。これを知ったら、国会議員のみなさんは、もう伊藤博文の銅像の前を素通りすることはできなくなるでしょう。

もちろん、私たち国民一人一人も伊藤博文の理想を深く胸に刻まなければなりません。

小村《こむら》 寿太郎《じゅたろう》

一八五五〜一九一一。明治時代の外交官。第一次桂内閣の外相となって日英同盟を推進。日露戦争時にはアメリカ・ポーツマスでの講和会議で全権として活躍。講和条約を締結した。

絶対に譲れない条件とはなにか

―講和会議にのぞむ小村寿太郎になって考えてみる

「ひやりとするほどの奇蹟」で勝利した日露戦争。
その後、小村寿太郎は大国ロシアとの講和会議にのぞんだ。
数々の困難の中で小村は一歩も引かずに議論を互角に持ち込んだ。
この交渉で日本が絶対に譲れない条件とは何だったのか？

「ひやりとするほどの奇蹟」

日露戦争は日本にとっては祖国防衛戦争です。

もし、日本が負けていたら今の私たちの国は無くなり、ロシアの属国になっていたかもしれません。元寇のときと同じです。

その日露戦争をテーマに描いた『坂の上の雲』の著者・司馬遼太郎さんは作品の中で次のように書いています。

「小さな。といえば、明治初年の日本ほど小さな国はなかったであろう。産業といえば農業しかなく、人材といえば三百年の読書階級であった旧士族しかなかった。この小さな、世界の片田舎のような国が、はじめてヨーロッパ文明と血みどろの対決をしたのが、日露戦争である。その対決に、辛うじて勝った。その勝った収穫を後世の日本人は食いちらしたことになるが、とにかくこの当時の日本人たちは精一杯の智恵と勇気と、そして幸運をすかさずつかんで操作する外交能力のかぎりをつくしてそこまで漕《こ》ぎつけた。いまからおもえば、ひやりとするほどの奇蹟といっ

ていい。」（司馬遼太郎『坂の上の雲（一）』文春文庫　七七ページ）

この数行に日露戦争の姿が凝縮されています。

司馬さんの言葉に従って日露戦争を教えるならば「奇蹟」を起こした二つの日本人の姿を子どもたちに教える必要があります。

①精一杯の智恵と勇気

②幸運をすかさずつかんで操作する外交能力

この①と②をポーツマス講和会議での小村寿太郎の姿で教えることができます。

日露戦争を教えるときに日本海海戦の東郷平八郎と、このポーツマス講和会議での小村寿太郎は必須と言えるでしょう。

日露戦争を終わらせるための講和会議が、アメリカのポーツマスで行われることになりました。

二三二ページの写真はその時に撮られたものです。

この写真を見て気づいたことはないでしょうか。

子どもからは以下のようなものが出てきました。


「みんな真剣な表情をしている」

「資料のようなものがテーブルの上にある」「左が日本で、右がロシアだと思う」

「真ん中の椅子が空いている」

「ペンのようなものもある」

「五人対五人」


まずは日本とロシアの外交交渉が行われる場についてのイメージを持つところから始めたいと思います。

じつは会議の場所について当初はロシアはパリを提案し、日本は清国の都市を提案しました。その後、ロシアがワシントンを再提案し、日本もこれに賛成しました。最終的にアメリカがワシントンよりも気候のいい東海岸の都市で開くことを決めたという経過をたどっています。

アメリカの東海岸には有名な場所がいくつかありますが、観光客の多い避暑地ではないポーツ

ポーツマス講和会議（1905年9月、アメリカ東部港湾都市ポーツマスにて）
左列中央が小村寿太郎。（日南市国際交流センター小村記念館・蔵）
（日南市役所総務課）

マスが選ばれました。会議を静かな環境で行えるようにしようというアメリカ側の配慮が見えます。

さて、写真にある会議場ですが、これはホテルでもなく公的な会議室でもない海軍工廠の新しい倉庫なのです。警備上の安全性、公用電話の設置、電報・無線電信も利用できるなどの利便性から白羽の矢が立ったようです。

新しい海軍工廠倉庫の二階は会談の本部として使用できるように改装されました。会議場として使用できるように建物の大部屋に仕切りが設けられ、会議室の両側に両国全権団のための部屋も作られました。また、米国代表のための応接室、文書を収納する耐火構造の部屋も作られました。（ピーター・E・ランドル著　倉俣・トーマス・旭／佐久間徹訳『ポーツマス会議の人々～小さな町から見た講和会議～』原書房　四十～四一ページ）

では、質問です。

この講和会議はアメリカのポーツマスという小さな町で行われました。日露戦争は日本とロシアの戦争です。なのになぜ、会議はアメリカで行われたのでしょう。

質問に対して子どもたちはこんな予想を出しました。


「日本またはロシアでやると戦争中なので不公平になる」

「とても両国では押さえきれないのでアメリカに頼んだ」

「むしろアメリカは関わりがないから選ばれた」

「お互いの国でやるとどちらかに有利になるので危険だから」

「薩長同盟と同じで自分たちでは話し合いが進められないから頼んだ」

「戦争中」という表現に前時までの学習をよく理解していることがわかります。

薩長同盟が出てくるとは子どもたちはこれまで学んだ歴史の知識をよく生かしています。

ポーツマス講和会議が始まるまで

①国力の限界

圧倒的な国力をもつ大国ロシアにくらべれば日本はまだ小さな国でした。ですから、戦争が始まったころから自分たちが優位なうちに講和に持ち込もうと考えていました。そして、ロシア軍に対して優位に戦闘を続けることができていましたが、すでに日本の国力は限界に来ていました。

②アメリカに仲介をたのむ

これ以上、戦争を続ければ大国であるロシアの兵力が増強され、いつ逆転されてしまうか分かりません。そんな中、日本海海戦で大勝利をおさめたことで、日本は講和会議に持ち込むチャンスがやってきたのです。日本は、アメリカのセオドア・ルーズベルト大統領に、日本とロシアの間に入って講和会議を進めるようにたのみました。この当時、アメリカは日本を支持していたからです。

③小村とウィッテ

日本側の代表に選ばれたのが小村寿太郎です。小村は、身長一五六㎝の小さな体でした。かつて、駐米大使になった時、ある人に「外国人の中にまじったら子どものように思われますよ」と言われ、「だいじょうぶです。わたしは日本を代表して行くのですから。日本は小さくても強いですからね」と答えたと言われています。

対するロシア側代表のウィッテは身長一八〇㎝の大きな体でした。

ウィッテは、ロシア皇帝から「わずかな土地も金も日本に与える条約は結ぶな」と命令されていたと言われています。そのためウィッテは「講和会議がうまくいかなくてもしかたがない。ロシアは戦争を続ける準備もできている」という態度をとっていました。

④国民の期待

しかし、講和会議を前にして日本の国民の多くはあの大国であるロシアに勝ったのだから多くの賠償金を勝ち取ってほしいと考えていました。日露戦争は多くの戦死者を出し、国民も多くの負担に耐えてきていたので、賠償金を期待していたのです。

では、ここからがシミュレーションです。
ぎりぎりの交渉に臨む小村寿太郎になってポーツマス講和会議を追体験してみます。
この追体験を通して、当時の日本の安全保障体制について考えてみましょう。

■シミュレーション

講和会議にのぞむ小村寿太郎になって考えてみる

講和会議はポーツマスの海軍の建物を改築した会場で十七回にわたって行われました。第一回目の会議で日本は十二項目の要求をロシアに提示しました。そのなかの重要なものを三つにまとめたので見て下さい。

A　ウラジオストックをロシア海軍の軍港からふつうの商業のための港にすること。
そして、ロシア海軍の兵力を制限してこれ以上強くならないようにすること。

B　日本は大きな損害を受けたので、ロシアは賠償金を支払うこと。
また、樺太を日本の領土にすること。

C　日本陸軍とともにロシア陸軍も満州から引き上げ、満州の鉄道とリャオトン半島を日本にゆずること。
また、朝鮮半島のことについては日本にまかせること。

この三つの要求の中で日本が「絶対にゆずれない」と考えていたのはどれだと思いますか？
あなたもこれから交渉する小村寿太郎になって考えてみてください。

小村寿太郎は全権を委任されていますが、もちろんすべて小村の独断で日本側の方針が決まったわけではありません。
小村や現地の委員たちの判断もありますが、方針は事前に閣議で決まっていましたし、大事なことは本国と電報でやりとりをしています。しかし、この緊張する状況の中で最終的に決断するのは小村であることに変わりはありません。たいへんなプレッシャーの中にいたことは想像に難くありません。

児童の意見分布は以下のようになりました。

一組……A　七人　B　三人　C　十八人

二組……A　九人　B　五人　C　十四人

主な意見を紹介しましょう。

A派

「ロシアは戦争を続ける準備もできているので、次の戦いでは日本は負けてしまうかもしれないという状態だから軍港のままはよくない」

「ロシア海軍が強くなって日本に攻め込んできたら日本は包囲されてしまう。ロシア海軍をこれ以上強くしてはいけない」

「地図で見るとウラジオストックは日本に近いので危険だと思う」

子どもたちは前時に日本海海戦の学習をしていますので、ロシアが強いことはわかっています。日本に近い場所が軍港のままで制海権を取られれば日本にとって不利であることを理解した意見です。

B派
「国民の期待に応えるために賠償金を払わせるべきだと思う」
「多くの国民が望んでいる賠償金をウィッテを説得してもらえれば、国の再建ができる。土地をもらってもやっぱりお金が必要になるから」
「北海道の上にある樺太が日本の領土になればロシアは攻めにくくなると思う」

賠償金と領土の問題です。どちらもわかりやすい条件です。
子どもたちからは国民の期待、再建費用、ロシアのリベンジに備えるなど日露戦争の意味をよく捉えた意見が出てきました。

C派

「ロシアが引き下がれば日本は安心できる。もし裏切られても朝鮮半島が日本にまかせられればそこを通ることはできないので日本までは簡単に来られない。来たとしても時間がかかりその間に逆に日本が攻めることができる」

「ロシア陸軍が満州から引き揚げないとまたロシアと戦争になってしまうかもしれないし、とても広い満州や朝鮮を領土にできて一石二鳥だ」

「朝鮮半島が他の国のものになってしまえば、その国が攻めてきたときに絶対に不利だから。朝鮮半島が安定していれば前のように朝鮮を他の国が渡って来て攻められることは少なくなると思う」

「AやBも大切だと思うけど、鉄道やリャオトン半島を取れれば、貿易したりして賠償金以上にお金が儲かる」

多かったのは朝鮮半島の地政学的な意味です。

子どもたちは、ここがロシアによる日本侵略の「防波堤」になることを指摘していました。

また、鎌倉時代の元寇を例にあげて意見を言う子もいました。

以上の意見を出してくれた子どもたちとは別の年度の六年生の議論のようすを一部見ていただきましょう。

「ぼくはAだと思います。プリントの地図を見るとウラジオストックは日本に近いので、ロシアの海軍の力を制限しないと直接攻められてしまう」

これに反論が出る。

「でも、日本は海の戦いが得意のはずだから、海のことよりも陸の方の守りのことを考えた方がいいと思います」

「ぼくもそう思うんだけど、地図を見ると、ロシアのすぐ下に満州があってそこからすぐに朝鮮半島へ行くことができます。朝鮮半島までロシアが来たら、日本のすぐ近くになってこっちの方があぶないと思う」

「たしか、前に勉強したと思うんだけど、朝鮮半島は大陸とのかけ橋みたいなもので、ここを押さえないとあぶないことが起きることもあって、ロシアからの通り道になっているから、日本はここを押さえておきたいと思ったんだと思います」

ここまではAの海の守り論かCの陸の守り論かが議論のポイントになっている。ここでB派の子が攻勢に出る。

「通り道が大事というなら、樺太だって通り道だと思います。それにこっちの方がロシアからすぐに日本に渡ってこられて、こっちの方が大事だと思う」

「でも、朝鮮半島の方がここを出発点にして勢力をのばせるから、こっちの方が大切だと思う」

B派の樺太近道論に対してC派は分がわるいと思ったのか、逆に朝鮮半島を基点にした日本の勢力伸長論で対抗してきた。

（安達弘『人物学習でつくる歴史授業　近現代史のキーパーソンをこう取り上げる』明治図書　一四八〜一四九ページ）

ぎりぎりの交渉を成功させた小村寿太郎

日本が「絶対にゆずれないこと」と考えたのはCです。

これまでの歴史をふり返れば、日本が外国からの危機に直面するのは、つねに朝鮮半島が敵対する国の手に落ちたときです。ですから、朝鮮半島が安定した状態にあることが何よりも重要でした。また、そこから一歩進んで満州も敵対する国に取り込まれないようにすることが大事だったのです。

小村のねばり強い交渉により「絶対ゆずれないこと」と考えていたCはすべて取ることができました。また、「できれば達成したいこと」と考えていたBも、賠償金は取れませんでしたが、樺太の南半分を取ることができました。ですから、交渉はほぼ引き分けで終わり、講和会議は成功したと言ってもよいでしょう。

（なお、Cは「絶対的必要条件」、Bは「比較的必要条件」として講和会議前に閣議決定されています。Aは「付加条件」として追加されたものですが、実際はこのAのウラジオストックの件だけは会議前に小村の判断で講和条件文書から外されています。他に「ロシア海軍力の制限」の条件項目があるため不要と判断したようです。子どもに示す問題文としてはウラジオストックという具体的地名が入っていることが子どもの思考を活性化すると判断し、「ロシア海軍力の制限」と一緒に考えさせることをねらって残しました。）

国の行く末を決める講和会議の緊張の場面を吉村昭さんの歴史小説『ポーツマスの旗』（新潮文庫）で見てみましょう。

樺太割譲をめぐる小村とウイッテの応酬です。

ウイッテの顔に、不快そうな表情が濃くなった。

「樺太南部にロシアが開墾をはじめた時、その地に日本人は一人もいなかった。それは日本人が樺太を軽視していたからで、少しも愛着をいだいていなかったのだ。ロシアが、三十年間合法的に領有してきた樺太を失うことは、ロシア国民を傷つけ、国家の恥辱にもなる」

「樺太は、日本列島につらなる島で日本にとって重要な地であるが、逆にロシアにとっては中心部からはるかに離れた僻地の島にすぎない。これを放棄しても、ロシア国の運命に大きな影響があるとは思えない」

小村とウイッテの応酬は激しく、しかも長時間におよんだ。小村の語調は鋭く、ウイッテの顔からも血の色がひいていた。

「私は、断じて承諾できぬ理由について十分に答えたので、これ以上意見を述べる必要はない。貴方が新しい案を提出せぬ限り、到底一致した意見に達することはない」

小村は、

「貴方の考えを十分に知ることができた。しかし、さらに考慮し、研究することを切望する」

と、ウイッテの顔を見つめた。

「考慮の余地はない。私の考えは今後も変ることはない」

ウイッテは、視線をそらせた。

「私は、あくまでも樺太割譲を要求する」

小村は、答えた。

（二六二〜二六三ページ）

吉村さんの小説を読むと、日本とロシアとの会談は裏側で虚々実々の駆け引きが行われていたことがわかります。国を背負った外交交渉の難しさが体験できます。

しかし、日本の国民はこの講和条約の結果に満足しませんでした。賠償金が取れなかったことに対して非難が高まり、全国各地で「講和条約反対」「戦争を続けろ」と集会が開かれました。また、暴動も起こり、大臣官邸や新聞社、交番などが焼き討ちされる事件にまで発展しました。

日本政府は「ロシアが戦争を続けようとすれば日本は負ける」という情報を国民に知らせるこ

とはできませんでした。なぜなら、この情報がロシアにもれれば戦争も講和会議も不利になるからです。そのため、国民の多くは「大国ロシアなら多額の賠償金を取ることができる」と信じていました。


吉村さんは小説を書くためにポーツマスを訪れています。このとき、当時の会議場を警備していた九十才を越えた男の人に質問をしました。

「小村は、ずいぶん小さい人と思われましたでしょう」

すると男の人はこう答えました。

「とんでもない。一国を代表する堂々とした人で、小さくなどありませんでした」

■子どもたちの感想

＊小村寿太郎は、国民に非難されるのに、それができたすごい人だと思います。勇気があるなと思いました。身長は低くても気持ちはすごく大きな人だと思います。
＊小村寿太郎は体は小さいのに、日本のために堂々として講和会議をしたことはすごいこと

だと思いました。
＊体の大きさではなく、意志の強さが相手にも伝わったと思います。もしも、自分が政府の事情を知らない国民だったら同じように怒ると思います。
＊こんなに人々が苦しんでたくさんの犠牲者が出たにもかかわらず賠償金を得られなかったのは国民にとってもとても苦しかったと思います。でも、これからのことを考えると満州と朝鮮が譲れなかったんだと思いました。
＊小村寿太郎は小さな人だったけれど、警備をしていた人の話から心がとても大きな人だったということがわかりました。寿太郎のねばり強い心もあって、交渉も成功したんだろうなと思いました。

新渡戸《にとべ》 稲造《いなぞう》

一八六二～一九三三年。札幌農学校卒、教育者・農学者。米国留学。台湾総督府技師、京大・東大教授などを歴任。後に国際連盟事務局次長。『武士道』を著し、世界に日本の文化や思想を広めた。

植民地・台湾の農業を立て直す

―新渡戸稲造になってサトウキビ農業の活性化策を考えてみる

英語で書いた「武士道」が世界的ベストセラーとなり、国際連盟事務局次長として世界中で活躍した新渡戸稲造。植民地学の権威でもあった稲造は台湾の為にその理念を実践した。サトウキビ農業を活性化させるために稲造が取り組んだこととは？

「植民地学」のパイオニア

新渡戸稲造と言えば『武士道』の著者として有名です。

日本文化と日本人のものの考え方を広く紹介したこの本は欧米でベストセラーになりました。世界へ向けて日本という国を知らしめた功績はたいへん大きなものがあると言っていいでしょう。

また、戦前、国際連盟の事務局次長として活躍したことも有名です。

とくにフィンランドとスウェーデンの領土紛争を解決した「新渡戸裁定」のエピソードはよく知られています。これはバルト海のオーランド島をめぐる紛争で、帰属はフィンランドですが、島民の大多数はスウェーデン人であるためスウェーデン語を公用語にして強い自治権をもたせ、非武装地帯にするというものです。

新渡戸が国際連盟を去るとき、当時のドラモンド事務総長は送別の辞の中で「不寛容な西洋文明に対して寛容な精神を教えてくれた」という言葉を残しています。

しかし、その新渡戸が日本の「植民地学」のパイオニアだった、と聞いたら驚かれる方もいるでしょう。新渡戸は台湾における製糖業の改良に尽力した後、大学において約十年間にわたり植民政策講座を担当していたのです。

現代の私たちは「植民地」という言葉を聞くとあまりいいイメージをもつことができませんが、新渡戸自身はどうとらえていたのか講義録を見てみましょう。

①「殖民」という語は非公式な言葉で、公用語としては「拓殖」の言葉が用いられる。これは開拓殖民の意味である。
②「殖民」はヨーロッパ語のコロニーを翻訳するにあたって作られた新しい日本語である。
③明治四、五年に「殖民」に定まりかけたが、「民を殖《ふや》すこと」「民を殖《うえ》ること」などと読ませていた。
④ここから「植民」の字ができた。これは民草を植える意味だが、「植」の字が使われるようになったのは最近のことである。

このように言葉の変遷をたどると、もともとは「植民地」という言葉には開拓、移民の意味が強く込められていることがわかります。続いてコロニーの語源となったラテン語のコロニアについてです。

⑤これは「耕作する」という言葉から出た。ここから「耕す者」「農夫」という字ができてその土着するところをコロニアと言った。

⑥コロニアには様々な意味がある。「耕作民の一団（除隊兵による屯田《とんでん》的土着や人口過剰による条件を示しての移動）」、これに関連した「土地」、「移住すること」などである。さらに自由民が「田舎に住居する」意味もある。

このようにコロニーという言葉には様々な意味が含まれています。もともとは「植民」は決してマイナスイメージの言葉ではないのです。

（新渡戸稲造全集編集委員会編『新渡戸稲造全集　第四巻』教文館　四九～五一ページ）

この講義録では植民思想がどう生まれたか、植民の理由・目的・利益、語源・定義、種類・類別、植民地獲得の方法、統治、土地問題、原住民政策、植民政策の原理などがじつに精緻に整理され解説されています。西洋の植民地学者の論に対しても容赦ない批判を加えています。

では、新渡戸はどのような植民政策が必要だと考えていたのでしょうか。

「植民政策は、自然科学と同じく、過去の国民の多年の経験をば短時日の間に実現しようと試むるものである。併しながら社会科学は自然科学と異りて、実験が困難である。工場法等社会立法の成績も、五六年経たねばわからぬ。況《ま》して植民政策に於いてをや。植民政策の原理は之を概括することが出来ない。強ひて一言にして言へば、原住民の利益を重んずべしといふことであらう。」

（同　一六五ページ）

植民政策は国民の多年の経験を実現するものである

植民政策は現地の人々の利益を重んじなければならない

これが新渡戸稲造の考える植民政策です。私たちが通常「植民地」という言葉に対してもつマイナスイメージとはかなり異なるものだと言えるでしょう。私たちがマイナスイメージをもつのは西洋諸国が現地国に対して行ったいわゆる愚民政策です。新渡戸稲造をはじめとする日本人が行った植民政策は、西洋諸国の愚民政策とは根本的に違うものなのです。

子どもたちには旧五千円札・『ＢＵＳＨＩＤＯ（武士道）』の表紙・サトウキビの計三枚の写真を見せるところから授業を始めました。

子どもたちが最初に興味を持ったのは、新渡戸稲造の肖像画が使われている旧五千円札です。この人物が新渡戸稲造だとすぐにわかりました。

「残りの二枚の写真は稲造とどんな関係があるか予想してみてください。」

と問いかけました。

ここでは『ＢＵＳＨＩＤＯ（武士道）』の表紙が英語で書かれていることに気づくことが大事なポイントになります。また、サトウキビの写真には新渡戸の業績の一つが植物に関係していることに気づいてほしいという意図があります。

児童からは以下のような予想が出されました。

「この植物は竹だと思う。だから、竹に関連したことでベストセラーを出したのでは？」

「きっと植物について研究した人なんだろう。」

「表紙にＢＵＳＨＩＤＯと書かれているので武士道についての本ではないか？」

「英語で書かれているので英語が得意な人なのかな？」

「英語で書かれているということはこの本は外国から認められたものなのだと思う」

「これは竹ではなくてサトウキビだと思う。サトウキビの本を書いたのかな？」


子どもたちの予想はなかなかいい点をついています。

太平洋のかけ橋になりたい

①農業学を志す

新渡戸稲造は、岩手県の武士の家に生まれました。

明治時代になって東京で英語の勉強をしているころ「これからの日本に必要なのは科学技術だ。この分野で西洋の国々におくれを取っていてはいけない」と考えて農業学を学ぼうと考え、北海道の札幌農学校へ進学しました。

②『武士道』を英語で出版

日本とアメリカをつなぐ「太平洋のかけ橋になりたい」とアメリカの大学へ留学した稲造は、キリスト教の信者となり、アメリカ人の女性と結婚しました。稲造は日本に戻って札幌農学校の先生になりましたが、再びアメリカへ渡り一九〇〇（明治三十三）年に『武士道』という本を英語で出版しました。

この本は「日本人の考え方や行動」のもとになるものが「武士道」にあることを説明した本です。この本は英語からドイツ語・フランス語・ロシア語にも訳されて世界中で読まれました。当時、まだ日本のことをよく知らなかった世界の人たちはこの本を読むことで日本人を理解してくれるようになったと言われています。この『武士道』を読んで感動したアメリカ大統領セオドア・ルーズベルトは、すぐに数十冊を購入して「ぜひ読んでほしい」と配って歩いたそうです。

③国際連盟事務局次長になる

一九二〇（大正九）年に稲造は新しくできた国際連盟の事務局次長の仕事につきました。スイスのジュネーブ本部を中心に世界中をかけまわる日々が始まりました。スピーチのうまかった稲造は、ヨーロッパを中心に講演活動を行い、世界中にその名を知られるようになりました。

では、ここからシミュレーションです。

新渡戸稲造は『武士道』を出版した翌年に台湾総督府民政部殖産局長に就任しています。この時の新渡戸稲造になって台湾農業を立て直し、新渡戸と当時の日本人の植民地に対する考え方を追体験してみましょう。

■シミュレーション

新渡戸稲造になってサトウキビ農業の活性化策を考えてみる

稲造は『武士道』を出版した次の年に台湾の農業を立て直す仕事をまかされました。当時の台湾は日清戦争後に日本の国土となっていたからです。

稲造は、停滞している台湾の農業の中からサトウキビに目をつけました。サトウキビから取れる砂糖を中心にして台湾農業を立て直そうと考えたのです。さっそく、台湾のサトウキビ農業の長所と短所を調査しました。

◆長所：台湾にサトウキビ農業が適している理由

①台湾の気候は一年中暖かく、雨の量もちょうどよい。しかし、植え付け時期にもう少し水があればさらに収穫が増えるだろう。

②サトウキビは重いので運搬がたいへんだ。その点、広い平野がある台湾は適している。また、平野なので人工的な水の調節がしやすい。

③台湾の近くにある日本や中国では砂糖を使う量が年々増えているので、たくさん売れるはずである。また、スエズ運河も開通したのでヨーロッパからの注文が増えてたくさん売れるかもしれない。

◆短所：現在のサトウキビ農業の問題点

①農業をすすめるために必要なお金を持っている人たちが清国に帰ってしまった。

②山賊がたくさんいて農家の家が焼かれたり、農民が殺されたりしている。

③伝染病の流行でたくさんの人が死んでしまい、農業をする人が減ってしまった。

④農業よりもお金がもらえる仕事へ変わってしまう人が多い。

⑤気候は適していても、それを生かすための機械・肥料・運搬設備がない。

稲造は次の目的を達成するためにどんな方法を考えたでしょうか？

いろいろなアイデアが考えられます。

新渡戸稲造になってあなたの考えを書いてみてください。

◆台湾のサトウキビがたくさん取れるようにする（収穫を上げる）
◆台湾のサトウキビから作られる砂糖の質を上げる（質のよい砂糖の生産）
◆台湾のサトウキビから作られる砂糖がたくさん売れるようにする（売り上げを増やす）

みなさんからはどんなアイデアが出てきたでしょうか。

子どもたちからはかなりいろいろなアイデアが出されました。

課題として提示した三つのカテゴリーに分けて子どもから出された意見を見てみましょう。

①収穫を上げるには？
＊もっと水がよくわき出てくる場所を見つけてサトウキビ畑にする。
＊スプリンクラーなど人工的に水をまく機械を設置する。
＊台湾は島国なのでまわりの海の水を真水に換えてまくことができる装置を開発する。
＊用水路を造って常に水が保てるようにする。
＊水の豊富な日本から水を輸入できないか？
＊井戸を掘って水源を確保する。
＊外国から技術者を招き、指導してもらう。

意見の中で圧倒的に多いのが水の確保です。農業ですから水が最も重要なポイントになることは子どもたちもよくわかっています。

技術指導も当然必要になります。

＊伝染病を止めて農業ができる人を増やさなければいけないので病院を建てる。
＊山賊を取り締まるために日本の軍隊を派遣する。

これは医療施設の整備と安全保障対策に関する意見です。まずは農業従事者の安全確保が第一ということなのでしょう。

伝染病に対しては、子どもたちは医療拠点を設けなければならないというイメージを持っていると思います。インフルエンザの流行などの生活経験も背後にあるに違いありません。

また、山賊の取り締まりは警察では難しい、という判断が軍隊派遣という意見へと結びついているのでしょう。これも大規模災害時の自衛隊の活躍をテレビ等で見ている経験があるように思います。

＊外国からいい土を輸入したり、肥料を使って土壌改良をする。
＊農業用の機械を日本から無料で輸入する。そして台湾のサトウキビ農家が儲かったらお金を返してもらう。
＊台湾のサトウキビ農家の給料をアップしてやる気を出してもらう。

土壌改良、機械の貸与、補助金など、どれも政府による支援が必要です。

②品質をよくするには？
＊日本から肥料を援助する。
＊品種改良してもっと甘みのあるものにする。
＊地元のベテランや外国の農業技術者をリーダーにして「こだわり」の仕事を徹底させる。

①と重なる意見ですが品種改良や「こだわり」の仕事など五年生での農業の学習が生かされているように思います。とくに後者は日本人らしい意見でしょう。

③売り上げを増やすには？
＊海外へ売るための航路を確保する。
＊大きな港を整備する。
＊サトウキビの海外輸出用の船を用意して大量に輸出する。
＊台湾国内に鉄道を引いて重いサトウキビを能率的に運搬できるようにする。

＊まずは台湾国内で試食会を行い、これをきっかけにして世界に台湾サトウキビを売り出す。
＊台湾のサトウキビを海外にアピールするためにチラシなどを作る。
＊新渡戸稲造はスピーチがうまいので世界中で台湾サトウキビのよさをスピーチする。

まずは輸送網の確保です。鉄道と港湾の整備、そして海外輸送レーンを作るべきだという主張が多かったです。

台湾産サトウキビの宣伝も重要です。新渡戸の演説のうまさを利用すべきだ、と言う意見には一本取られました。

このさまざまなアイデアの出し合いで重要なのは次の二点です。

◆台湾農業のためになることを考えること。

◆何事も資金が必要であり、それは誰が用意するのかを考えること。

私は児童が自分の意見を書いているときも、発言の合間にもときどきこの点にこだわった質問を入れました。
『それはお金が必要になるけど、誰が出してくれるの?』
という具合です。
すると、子どもたちからはなんの疑問もなく次のような答えが返ってきました。

「お金はもちろん日本から出す」
「日本政府が出すべきだ」
「だってこの時は、台湾も日本なんだから政府が出すのが当たり前だと思う」

子どもたちは、日本人としての誇りをもってこの問題を考えていることが分かります。

植民政策は国民の多年の経験を実現するものである
植民政策は現地の人々の利益を重んじなければならない

不思議なことですが、何も教えずとも子どもたちは、この新渡戸稲造の植民政策の原理を理解しているのです。

台湾の農業のために力をつくした稲造

稲造は台湾のサトウキビ農業を立て直すためにどんなことをしたのでしょうか？

①種類を改良する

今まで台湾で栽培していた種類とは違うラハイナ種に変える。これは、収穫量が増える、しぼった汁が濃厚で糖分が高い、害虫などに強い、などの長所がある。

②栽培方法の改良をする

新しい栽培方法を台湾の農家にすすめる。そのためにも新しい品種にすることで「よし変えてみよう」という気持ちにすることができる。ただし、化学肥料などを買うお金は最初の五年間だけは政府が無料で配る。

③水を管理する施設を作る

いまの台湾ではおけに水を入れてまいているだけだ。水を人工的に管理することができれば、確実に収穫が増えるだろう。その証拠に米を作る水田は水を管理しているが、その近くのサトウキビ畑では、他のサトウキビに比べて一・五倍の大きさに成長している。そこで、水田の中でうまくいっていないところだけ、サトウキビ畑に変える。なお、施設を作るために政府が補助金を出す。

④新しい土地を開拓する

サトウキビ畑のための新しい土地を開拓する。そのためには台湾の人たちにサトウキビに適した土地を宣伝したり、開拓に成功したら無料でその土地の権利を与える。さらに、砂糖製造工場を建設したらこれを特別に保護してもうかるように助ける。

⑤砂糖工場に性能のよい機械を導入する

性能のよい機械を使えばもっと多くの汁をしぼり出すことができてムダがないし、品質も高くなる。そこで、小さい機械なら政府が貸し出すか、安い値段で売る。大きい機械を使って砂糖工場を経営してみたいという人がいれば、お金を援助する。

新渡戸稲造は、植民地の目的について「その土地の文化を進歩させて、それを広げることだ。ただ単にもうけるためにやることではない」と言っています。西洋の国々は植民地を自分の国の利益を上げる場所としてしか考えていなかったようですが、日本は新渡戸稲造のように自分の国の予算から貴重なお金を出し、道路・鉄道・港・ダム・学校などを作りました。また、衛生状態をよくしたり、匪賊《ひぞく》などをとりしまって安心して生活できる環境を整備しました。

新渡戸は、台湾のサトウキビ農業の将来について明治三十四年に台湾総督に提出した「糖業改良意見書」の中でこう言っています。

「本島糖業の情態は之が改良発達の余地尚ほ充分なることを示す。今之に臨むに当路の保護と学理の応用とを以てし、且つ民に教へて改良の必要を暁《さと》らしめ之を導て一進域に到らしめん乎、則ち斯業大に興り現在の品質を高め且つ産額を進めて二倍乃至三倍ならしむること蓋し甚だ容易ならん。」（新渡戸稲造全集編集委員会編『新渡戸稲造全集　第四巻』教文館　一九一ページ）

台湾のサトウキビ産業の現状をつぶさにリサーチし、そこに農業についての深い知識と最新の情報を応用することで明るい見通しを示しています。

なお、稲造の改善策により年間五万トンだった生産量は昭和十一年には年間百万トンにまで

なったと言います。（富岡幸一郎『新大東亜戦争肯定論』飛鳥新社　二一六ページ）

■子どもたちの感想

＊新渡戸稲造さんは西洋と違って、自国だけではなく、植民地の人々のことも考えていたのですね。いい人だと思いました。台湾の人も日本の植民地でよかったな、と心のどこかで思ったかもしれません。

＊植民地は、ただ利益を上げたりするだけのものだと思っていたが、日本はそんなことをしないで植民地になっている国の人も安心してくらせるように活動していて、心が広いと思った。

＊新渡戸さんは西洋とは違って、植民地でもちゃんときれいにしたり暮らしやすい環境を自分から進んで取り組んですごいと思いました。西洋の国より思いやりがあると思いました。

＊この新渡戸さんの考え方は世界でも珍しい考え方だ。植民地に道路や鉄道を通すというりっぱな考え方は後に世界に大きな影響をもたらすかもしれない。

＊日本政府は植民地をよくしようという気持ちが強いことがわかりました。新渡戸さんの台

湾でのサトウキビ作りを見ていると、その土地の文化を進歩させることが大切だと言っているることに納得できる。

＊新渡戸稲造は、植民地を儲けるためだけには使わないで、その土地の長所を生かし、その国や地域のよさを伸ばしていこうと考えているのがすごいことだと思いました。匪賊を取り締まって安心してくらせるようにしたのも、僕が台湾に住んでいたら「日本はとてもいいことをしてくれたな」と思ったと思います。

＊植民地は自分の国の利益を上げる場所なのに、この場合は日本が損をしている。だから、とても優しいと思った。この仕組みは日本の本部と支部みたいだ。稲造のしていることはすばらしいけど反対派の人が日本国内にはいるような気がする。

大東亜戦争《だいとうあせんそう》（太平洋戦争《たいへいようせんそう》）

一九四一（昭和十六）年十二月八日〜四五（昭和二十）年八月十五日。日本と米、英など連合国との間の戦争。当初、日本は優勢だったが、原爆投下などにより、ポツダム宣言を受諾、終戦となった。

悩みぬくアメリカとの戦争の決断

—経済圧迫で苦しめられる日本の総理大臣になって決断する

真珠湾攻撃で始まった日本とアメリカの戦争。
座して死を待つか、戦って死中に活を求めるか
—日本には二つの選択肢しかなかった。
悩み、葛藤する当時の日本人の苦渋の選択とは？

戦争には原因がある

なぜ日本はアメリカと戦争をしたのでしょうか。
当時の日本に戦争をしたい悪い人がいたから？
後先を考えない軍人がいたから？
そもそも軍隊がなければ戦争は起こらなかったのでは？
以上の解答はあまりに幼稚です。

『図説太平洋戦争』（河出書房新社）の編者である池田清さんはさきの戦争の原因を〝太平洋戦争―四つの「原因」説〟としてまとめています。（六～十ページ）

①共同謀議説
日本の指導者たちが長期間にわたりアジアにおける侵略戦争を謀議したことが原因であるとする説です。簡単に言えば、悪い人がみんなで集まって相談して戦争を始めた、ということになるのでしょうか。

池田さんはこの考え方は勝者であるアメリカをはじめとする連合国軍による敗者・日本への報復であり、茶番劇であるとして「今日ではほとんど通用しない」説だとしています。

②東亜解放百年戦争論

林房雄が『大東亜戦争肯定論』で唱えた説です。

戦争の原因をヨーロッパ列強のアジア侵略にまで遡り、百年という長期的視野でとらえたユニークなものだとしています。しかし、池田さんはこの説をユニークであるとしながらも「中国の問題を抜きにして対英米関係はありえなかった事実が見落とされている」として批判しています。

③独裁体制説

かんたんに言えば日本にも当時のドイツのヒトラーやイタリアのムッソリーニと同じ独裁者のような人物がいた、という説です。

これに対して池田さんは「日本における軍部支配の基盤はそれほど強固なものではなかった」とこの説を否定しています。また、この説の代表例である家永三郎を批判して「家永氏の自虐的な論旨は、評価のすでに定まった敗戦後の時点から史上の人物や過去の事件を安易に裁く進歩主義史観の典型である」として一蹴しています。

つまり、日本には独裁者と呼ばれるような人はいなかった。悪者はいなかったということになります。

④相互責任説

日本と英米の関係に焦点を当てた説です。

池田さんは、日本側の焦燥と誤判断、アメリカ側の楽観と優柔不断、硬直した原則主義などにより互いに相手の意図を誤解・過小評価したことが開戦に至る原因としています。また「日中戦争と対英米蘭戦争とを一応分離し、アメリカの責任をも追及する相互責任説は、抑制がきいており説得的な解釈である」としています。

このように見てくると、検討の対象としていいのは②と④の二つと言ってよさそうです。戦争の原因はマクロに見れば②であり、ミクロに見れば④ということになります。

①や③のような「悪だくみを考えたグループがいた」とか「軍人が悪者だ」とか「独裁者がいたんだ」という考え方につながるものはそもそも学問的にも検討の対象にならないということになります。

以下、池田さんが「説得的な解釈」と言っている④の観点を出発点にして日米開戦を考えてみたいと思います。

昭和初期と現代との共通点

次ページの写真を見て下さい。

昭和初期のもので、東京・銀座のようすです。

すでに大都会になっているようすが見て取れますが、走っている車などを見ると昭和初期のノスタルジーを感じます。ついつい現代とのちがいを見てしまいますが、ここではあえて現代との共通点を見つけてみましょう。

現代でもよく見るものがこの写真の風景にもありませんか。

すでに触れましたが、自動車が走っています。バスもあります。モータリゼーションのはじまりです。

次に気づくのは電柱と電線です。電線つながりで言えばなつかしい市電も走っています。

さらにりっぱなビルが建っています。七階ぐらいのものが見えます。

電線があるということは電気が使われているということです。電気を作るのに石炭・石油が必要です。当時は水力発電が主だったようですが、火力発電もあります。

昭和初期の銀座通り（絵葉書：TIMEKEEPER 古時計どっとコム）

自動車が走っているということはガソリン、やはり石油が必要になります。

ビルを建てるのには鉄が必要です。

しかし、これらの原料である石油や鉄鉱石を日本国内で調達することはできません。日本は資源のない国なのです。

ところで、資源の中でもとくに石油はなくてはならないエネルギー源です。

自動車や船を走らせ、飛行機を飛ばし、火力発電によって電気を作り、工場の機械を動かしているのは石油です。石油がなくなれば交通も産業も家庭生活もストップしてしまいます。

この状況は現代も八十年前の昭和初期もまったく同じでした。

さて、現代の日本では、石油の八十％以上をサウジアラビア・アラブ首長国連邦・カタールなどの中東の国から輸入しています。しかし、当時は中東での本格的な開発が始まっていませんでしたので、その約七十%をアメリカから輸入していました。

このような状況の中で、一九三〇年ごろから世界は自分の国の産業を守るために高い関税をかけて他国の商品を閉め出す「ブロック経済」を取るようになっていました。これは資源が自分の国の中で取れて、作った製品を自分の中で売れる国はいいのですが、資源もなく、貿易で外国に商品が売れなくなる日本にとってはたいへん苦しいものでした。日本はたった一年間で貿易量が半分近くに減ってしまったと言われています。

では、二七八ページの年表を見て下さい。主に日本とアメリカの関係をまとめたものです。

どのような感想をお持ちになったでしょうか。

この年表を見た小学生たちは黙り込んでしまいました。

しばらくして、数人の子が小さな声で「ひどいよ」「これじゃあ、いじめだよ」とつぶやいていました。

私もそう思います。

「これは一方的に日本側から見た事実でしかない」「アメリカやイギリスにも言い分はあるだろう」という人がいるかもしれません。しかし、まさにその日本側から見ると「まるでいじめみたいだ」ということが重要です。

日米開戦の原因は悪者でも軍人でもありません。石油です。そしてアメリカの理不尽な経済制裁です。

中嶋氏は次のように言っています。

「戦端が石油によって開かれてしまったことは、日本より発生した「必然」であると同時に、アメリカがもたらした「必然」でもあったのだ。冒頭、イランの事例で紹介したアメリカの戦略、経済制裁の結実であった。本書では戦史、戦績の詳細は避けるが、開戦に至るその道は、間違いなく「資源外交」の只中を走っていたといってもいい。」（中嶋猪久生『石油と日本ー苦難と挫折の資源外交史』新潮選書　七七ページ）

「相互責任説」を出発点にここまで見てきましたが、その原因のほとんどはアメリカ側にある

一九三九年	七月	＊アメリカは日本との通商航海条約をやめることを通告
一九四〇年	七月	＊アメリカは日本へのくず鉄（鉄の原料）と潤滑油の輸出を制限 ＊アメリカは飛行機用燃料の日本方面の輸出を禁止
	九月	＊アメリカはくず鉄の日本への輸出を全面禁止
	十二月	＊アメリカは鉄鉱石・鉄鋼・スチール製品などの日本への輸出を禁止（のちに銅・スズ・ニッケルなども追加） ＊イギリスはタイ産の米を大量に注文して日本の注文を妨害
一九四一年	五月	＊イギリスは日本向けゴムの輸出を全面禁止
	六月	＊アメリカはインドシナ半島産ゴムを大量に注文して日本の注文を妨害 ＊オランダはインドネシア産の石油を日本に売ることを断ってきた
	七月	＊日本は資源を確保するためにインドシナ半島の南に軍隊を派遣した（南部仏印進駐）。

	＊南部仏印進駐に反対するアメリカはアメリカ国内にある日本の資産を凍結した（アメリカにある日本の政府や会社のお金を使うことを禁止すること。いろいろな国との仕事や貿易などができなくなります） ＊同時にイギリス・オランダも資産を凍結した（アメリカ・イギリス・オランダは東南アジアには自分たちの植民地があるので、日本の軍隊がここへ出てくると自分たちの植民地が危なくなる……と考えた）
八月	＊アメリカは日本への石油輸出を全面禁止した

と言っても過言ではないでしょう。

ではここでシミュレーションしてみましょう。

開戦直前の当時の総理大臣になって戦争への決断プロセスを追体験してみます。当時と同じ状況に立ったとしたら、あなたはどんな決断を下すでしょうか。この時の日本政府の要職にある人たちの苦悩と葛藤を感じることができるはずです。

■シミュレーション

経済圧迫で苦しめられる日本の総理大臣になって決断する

今回はある特定の個人ではなく、当時の総理大臣だったら、という設定にします。

アメリカ・イギリス・オランダの資産凍結により、日本は世界のほとんどの国と貿易ができなくなってしまいました。残っているのは満州・中国・インドシナ半島のフランス植民地・タイだけです。

石油のたくわえは一、二年ぐらいしかもちません。当時の日本の人口は約七千万人ですが、もしこのままの状態が続けば日本人の一千万人が仕事を失います。失業者の家族をふくめれば日本人の約半分が生きていくことができなくなってしまうかもしれないのです。また、石油がなければ戦車や軍艦、戦闘機も動かなくなって軍隊は使えなくなります。こんな時に外国に攻め込まれたら……。

ここまで、日本はアメリカとくりかえし話し合いを続けてきましたが、状況を変えることはできませんでした。

当時の政府の中には次の三つの考え方がありました。あなたが当時の総理大臣ならどの意見に賛成しますか？

◆第1案：アメリカとの話し合いを続ける

とにかく話し合いを続けるべきだ。もし、話し合いが決裂してもアメリカ・イギリスとの戦争は絶対に避けなければならない。日本の国力を考えると戦争をして勝てる相手ではない。とにかく日本の国力が落ちても、戦争をするよりはましだ。くやしいがいまの状態をただひたすらがまんしよう。国民の中にも死者が出るかもしれないが耐えてもらうように頼むしかない。

◆第2案：すぐにアメリカと戦争する準備をする

話し合いを続けてもアメリカが自分の考えを変える保障はない。そんなことをしているうちに石油はなくなってしまう。こんなときにソ連が満州に攻め込んできたら戦うことはできない。そして、アメリカも万が一に備えて戦争の準備を進めている。時間がたてばたつほど日本はどんどん不利になり危険が増えていく。今、決断すれば強いアメリカに勝てるかもしれない。このまま死を待つのはごめんだ。

◆第3案：話し合いを続けながら、万が一に備えて戦争の準備をする

戦争をすぐに決めた方が勝てる可能性があることは認めるが、まだ望みを捨てずに話し合いを続けるべきだ。たしかに少々の不便はあるが話し合いを続けながら、万が一に備えて戦争の準備も並行して進めることにしよう。もしかしたら、日本が戦争の準備をしていることを知ったらアメリカも話し合いでの意見が変わってくるかもしれない。ただし、期限を決めてその時点で話し合いが決裂したら戦争を覚悟するしかない。

さて、あなたが当時の内閣総理大臣だったらどの案に賛成しますか。

どうでしょうか。あなたの意見は何案になったでしょうか。

おそらくほとんどの人は「どの案にしよう」どころではなく「とても決められない」と思ったのではないかと想像します。私もそうでした。

こんなつらい決断があるでしょうか。当時の政府の人たちも同じ気持ちであったに違いありません。

怒りと絶望の中での決断です。まずはそのことを確認しましょう。どこにも「戦争をしたい」などという人はいないのです。


話し合いの前にとった児童の意見分布を見てみましょう。

二つのクラスで行いましたが、その合計を紹介します。

第1案が六人、第2案が六人、第3案が四十三人でした。話し合い後も大きく変わることはなく第1案は四人、第2案は八人、第3案は四十三人でした。

では、小学生の意見を見てみましょう。

＊第1案に賛成
「死者が出てしまうのはいやだけど、いますぐに戦争をしても勝ち目はない。日本が戦争

の準備をしていることをアメリカが知ったら逆に攻め込まれてしまうかもしれない」

「アメリカ・イギリスは強いから、やっても勝てないと思う。勝ったとしても日露戦争の時のように日本の限界がきてしまう。資源がない日本は話し合いを続けるしかない」

＊第2案に賛成

「時が経つに連れて石油はどんどんなくなり、日本も弱くなっていく。いざ戦争だというときに力が弱くて負けてしまうかもしれない。戦うしかないなら、まだ石油があるうちに戦ったほうがよい。話し合いをしている間にたくさんの人が死ぬのは我慢できない」

「話し合いを続けていて、その間に生活に苦しむ日本人がたくさん出てくると内乱などが起こるかもしれない。石油がある一、二年の間で戦争をして、それ以上続いたら負けを認めるしか方法はない。もし、アメリカを倒したら他の国も認めてくれるかもしれない」

＊第3案に賛成

「第1案と第2案は危険すぎる。第2案ではアメリカには勝てないので、準備中のそのちょっとの油断をつかれて植民地にされてしまう可能性だってある。第1案は無理矢理話し合いを続けていると、そのうちに犠牲者が増えてしまう。準備さえしておけば倒せる可能性もある」

「アメリカが戦争をしてくるか、貿易をしてくれるか、そんなの分かるわけがないんだから、話し合いを続けながら万が一に備えて戦争の準備をするしかない」

「1案で死者を出してしまったら、話し合いに失敗して戦争になったときと同じになる。2案だと無闇に突っ込んでいってしまったらかえって多くの死者を出してしまい、大戦争になる可能性がある。望みを捨てない3案がいい」

「すぐにあきらめるのではなく、まずはもう一度話し合ってみる。しかし、話し合いがうまくいかず、アメリカは攻撃をしてくるかもしれない。そのときのために戦争の準備をしておく。両立させておけば、とりあえず間違いはない。安心できる」


じつはこの三案は実際に政府内の会議で「審議を尽し最後に三つの案に到達した」というものです。当時の日本政府内で実際にこの三つの案を検討したのです。

当時の首相・東條英機は自身が書き残した「宣誓供述書」の中で次のように経過を説明しています。

「決定に至るまでの間に一番問題となつたのは前記第一案で行くか、第三案で行くかという別れ目でありました。十一月二日午前二時に一応第三案と決したものの出席者中の東郷外相、賀屋蔵相はこれに対する賛否は保留し、翌朝に至つて両人ともようやく第三案に同意して来たという経過でありました。」（東條由布子『大東亜戦争の真実ー東條英機宣誓供述書ー』ワック株式会社　一二四ページ）

現代の小学生と当時の政府の要人たちは同じ思考をたどっていたようです。考えてみれば第三案しか道は残されていないのです。

自衛戦争を決めた日本

日本政府は会議でこれからの方針を第３案に決めました。

この苦しい状況をなんとかするためにアメリカとくりかえし話し合いを行いました。しかし、残念ながら進展はありませんでした。

一九四一年十一月、アメリカは「ハルノート」という次のような提案を日本につきつけました。

①日本は中国とインドシナから軍隊と警察を引き揚げるべし。
②日本は中国のいくつかある政府のうちアメリカが支援している政府のみ認めよ。

日本がこの二つを認めれば石油の輸出を再開するというのです。しかし、この二つを認めると言うことは次のことを意味します。

＊日本は中国にある権利と満州の権利をすべて捨てなければならない。
＊これからは石油を売ってほしければアメリカの言うとおりにしなければならない。

これは、ようやく世界の大国と肩を並べられるようになった日本に対して「すべてを捨てて日本列島に引っ込み、七十年前の明治維新のころの日本に戻れ」と言っているのと同じです。独立国・日本として、これまで先輩たちが苦労して築き上げてきたものをすべてあきらめることなどとてもできません。

中国と満州にいる日本人の生活はどうなるのでしょう？

しかも、本当に欲しい分だけアメリカは石油を売ってくれるのでしょうか？この提案を承認したら、苦しんでいる国民をさらに苦しませることになってしまいます。

「ハルノート」を読んだ当時の東郷外務大臣は「目の前が真っ暗になるほど失望した。長年の日本の苦労や犠牲をすべて無視して、東アジアの大国になった日本に対して持っているものをすべて捨てろ、と言うのだ。これは日本に自殺しろと言っているのと同じだ。」と言っています。日本政府はこの提案を「最後通告」と受け止め、アメリカとの戦争を覚悟するしかありませんでした。

先に引用した『大東亜戦争の真実―東條英機宣誓供述書―』の解説で渡部昇一氏は次のように言っています。

「この「供述書」を読んでも解るように、東條や日本政府がその都度選択した政策は、米英蘭等の相手国の出方があっての反応であり、そこには因果関係がある。日本は闇雲に戦争に走ったのではない。その流れを把握しなければ偏頗《へんぱ》に陥ってしまう。幸いにして、この「供述書」は、「いかにして日本が自衛の戦争をしなければならなくなったか」の経緯が詳《つまび》らかにされている。」

（二四六ページ）

戦争は戦争をしたい人がいるから起きるのではありません。

なお、この授業展開のアイデアの基本は東京の佐藤民男先生（現・中野区立大和小学校長）の先行実践がもとになっています。

インドネシア独立

オランダ領東インドとして植民地支配されていたが、一九四五年八月十七日、インドネシア独立宣言を発表し、スカルノを首班とするインドネシア共和国が成立した。赤道をまたぐ一万三四六六の島々からなり、人口は二億五〇〇〇万人超（世界第四位）。

インドネシアの友人に武器を渡すべきか

―インドネシア独立を前にした日本兵になって考えてみる

アジア独立のために奔走した戦前の日本人たち。
ベトナム・フィリピン・ビルマ・インド、そしてインドネシア。
終戦後、多くの日本兵がインドネシア独立のために人生を捧げた。
敗戦国・日本の兵士がアジアのためにしたこととは？

親日国インドネシア

みなさんは、インドネシアという国名を聞いて何を思い浮かべるでしょうか。
ジャワ島やスマトラ島、バリ島など日本と同じ島国。
美しい影絵人形劇のワヤン・クリ。
ナシゴレンなどのエスニック料理。
最近は経済的な結びつきもますます強くなっているようです。

さて、東南アジアの国々はどこも親日的ですが、じつはこのインドネシアも親日度が高い国なのです。
やや古い調査ですが二〇〇六年に行われたアメリカのメリーランド大学とイギリスＢＢＣ放送との共同世論調査によれば、日本肯定派が最も多かったのはインドネシアで、インドネシア人の八五％が日本は世界に好影響を与えていると答えているそうです（桜の花出版編集部『インドネシアの人々が証言する日本軍政の真実』桜の花出版　三〜四ページ）。

では、なぜインドネシアの人々は親日的な人が多いのでしょうか。
インドネシア企業と日本企業のビジネス支援を手掛けている茂木正朗さんは次のような見解を述べています。

日本からのＯＤＡ（政府開発援助）が最大である。
インドネシアにとって日本は最大の輸出相手国である。
同じアジアの経済大国として尊敬されている。
日本の技術力がインドネシア工業製品を牽引している。

経済的な結びつきが多いのですが、茂木さんはもう一つ意外な理由を上げています。

「第2次世界大戦後、残留日本兵がインドネシア独立のためにインドネシア人と一緒にオランダ軍と戦ってくれた」（茂木正朗『親日指数世界一の国！インドネシアが選ばれるのには理由がある』日刊工業新聞社　一一八ページ）

戦後に？
残留日本兵とは？
インドネシア人といっしょに戦う？

日本・インドネシア友好年実行委員会が刊行した『日本・インドネシア関係50年史』（監修・國廣道彦　執筆・永井重信　編集協力・外務省南部アジア部）によれば、インドネシアの独立戦争にインドネシア軍として参加した元日本兵が九〇〇名ほどいました。これが残留日本兵です。なお、資料によっては元日本兵は二〇〇〇名とされているものもあります（中村粲編著『インドネシア紀行』展転社一〇六ページ）。

彼らの中にはこの戦いで武勲《ぶくん》を立ててインドネシア政府から最高の勲章を授与されたり、英雄墓地に埋葬された人もいます。しかし、約五〇〇名が戦死、行方不明となっています。生き残った人たちは日本に帰国した人もいますが、インドネシア国籍を取得して永住した人もいます。

このように、日本人はインドネシアの独立と深く関わっているのです。

じつは、これはインドネシアだけではありません。その他のアジア諸国の独立にも日本は関わっています。

アジアの独立と日本

左はアジア諸国が独立した年の一覧表です。
これを見て気づいたことはありませんか。

①インドネシア　一九四五年（オランダより独立）
②ベトナム　一九四五年（フランスより独立）
③フィリピン　一九四六年（アメリカより独立）
④インド　一九四七年（イギリスより独立）
⑤パキスタン　一九四七年（イギリスより独立）
⑥ミャンマー　一九四八年（イギリスより独立）
⑦ラオス　一九五三年（フランスより独立）
⑧カンボジア　一九五三年（フランスより独立）
⑨マレーシア　一九五七年（イギリスより独立）
⑩バングラデシュ　一九七一年（イギリスから独立したパキスタンから独立）

⑪東ティモール　一九七五年（ポルトガルより独立）
⑫ブルネイ　一九八四年（イギリスより独立）

この一覧表は外務省ホームページの「国・地域」にある各国の「略史」を見て作成しました。なお、独立と一口に言っても、独立を宣言した年や独立が承認された年などいろいろあります。また、一度独立を宣言したにもかかわらず再び他国に占領されてしまい、再度独立する場合もあります。ここでは一番早く独立の言葉が示されている年を選んで表にしました。

子どもたちからは以下のような気づきが出ました。

「イギリスからの独立が多い」
「一九四五年から一九五〇年の間に独立している国が多い」
「みんなヨーロッパの国から独立している」
「西洋の国がアジアの国を植民地にしている」

アジアの国々のほとんどは一九四五年から一九五〇年の間に独立しています。

それぞれの国の独立はその国の人たちの勇気と努力によってなされたものですが、じつは日本も深く関わっています。

一九四五年は日本が終戦を迎えた年です。

つまり、日本とアメリカなど連合国軍との戦争が終わると、そこからわずか五年の間にアジアの国々は次々と西洋からの独立を果たしました。アジア諸国の独立を支援する日本人が、独立をめざすアジアのリーダーたちを援助し、さらに日本がそれぞれの国を支配していたイギリス、フランス、オランダなどの西洋の国々と戦い、一時的にではありますが、アジアから追い出したことが大きく影響しているからです。

そのようすをいくつかの国を例に見てみましょう。

◆ベトナム

ベトナム独立のリーダーであるクォン・デ王子やファン・ボイチョウはフランスから命をねらわれて日本へ亡命しています。多くの日本人が、この二人をはじめとして、独立をめざすために秘密のうちに留学してきたベトナムの若者を助けていました。また、独立のきっかけとなる作戦を実施して、フランス軍を武装解除したのは日本軍でした。

◆フィリピン

フィリピンはもとはスペインの植民地でしたが、後にアメリカの植民地となりました。アメリカとの独立戦争を戦うリーダーの一人であるリカルテ将軍も、身の危険から日本に亡命し、日本人の助けを借りて横浜に住んでいたことがあります。日本はアメリカとの戦争が始まると、リカルテ将軍らと協力しながら戦いました。一九四三年十月十四日には、日本の援助でフィリピンはすでに一度独立しています。

◆ビルマ（のちに国名をミャンマーに変更）

ビルマにも独立をめざす若者がたくさん現れました。その一人であるオン・サンも日本に亡命しました。その後、オン・サンは日本人の協力で独立義勇軍を作り、日本軍とともにイギリス軍と戦いました。ビルマも一九四三年八月一日に一度、独立を果たしています。

◆インド

古くはインドの独立をめざすビハリ・ボースが日本に亡命し、日本人の助けを借りながら独立運動を進めていました。その後のインド独立の立役者の一人がチャンドラ・ボースです。チャンドラ・ボースは、イギリス軍として戦争に参加させられていたインド人を集め、逆にイギリスと戦うための「インド独立国民軍」を作り、日本軍と協力してインドを支配するイギリス軍と戦いました。のちにイギリス政府は自分たちに反逆した「インド独立国民軍」を裁判にかけましたが、これに怒ったインド国民の抗議行動が拡大し、ついにイギリスは二〇〇年間にわたるインド支配をあきらめました。

では、ここからがシミュレーションです。

終戦後、インドネシア独立の戦いが始まりました。インドネシアの若者が祖国のために立ち上がったのです。当時のインドネシアには武装解除された残留日本兵がいました。今回はその残留日本兵の一人になって追体験してもらいます。

当時の日本の兵隊さんたちはインドネシアで何を感じ、何に悩んだのでしょうか。その内面に迫ってみましょう。

■シミュレーション

インドネシア独立を前にした日本兵になって考えてみる

一九四一年十二月八日に、日本はアメリカ領のハワイ・真珠湾と、イギリス領のマレー半島を攻撃しました。さらに、オランダ領のインドネシアにあるパレンバン精油所をパラシュート部隊で奪取してから、わずか一週間でオランダ軍を降伏させました。

その後、日本は「ムルデカ（インドネシア語で独立）」を期待するインドネシア人のために、インドネシア人だけの軍隊である防衛義勇軍を編成しました。そして、戦い方や武器の使い方を教え、訓練のための先生役をしました。なお、この防衛義勇軍が独立後のインドネシア軍の基礎となりました。

一九四五年八月十五日、日本はアメリカとの戦争に敗れて終戦となりました。戦争に負けたことで日本軍の兵隊たちは連合国軍の支配下に入り、武装解除された後、連合国軍からの命令があるまで自分たちで武器を管理していました。

この後、連合国軍からは、例えば次のような命令が出てくることが考えられます。

*独立をめざすインドネシア人とこの武器で戦え。

*インドネシアを再び植民地にするために戻ってくるオランダ軍に武器を渡せ。

*命令に従えば日本に帰ることを許すが、従わなければ処分する（なお、許可を得ないで武器を渡すことは日本軍の規則にも違反することになります）。


こんなときにあなたのところにインドネシア防衛義勇軍のインドネシア人がやって来たとしましょう。

「私たちはインドネシア独立のために、オランダ軍と戦う決意です。しかし、私たちには戦うための武器と実際の戦闘経験がほとんどありません。そこで二つのお願いです。
①日本軍の武器を譲ってください。
②私たちと一緒にオランダ軍と戦ってください。どう戦えばよいか作戦を教えてほしいのです。」

さてあなたが日本の兵隊さんだったらどうしますか？

この課題はこれまでのシミュレーションの中で最も子どもたちを悩ませました。子どもたちの迷いに区切りをつけて意見を後押ししてやるためにも、選択肢を用意するべきだったかもしれませんが、あえて選択肢を設けずに自由に発言させてみました。

多種多様な意見が出てきましたので、正確な分類とは言えませんが、おおよそ以下のように意見は分かれました。

①戦う	………一組	十人	二組	十人
②武器だけ渡して戦闘には参加しない	………一組	二人	二組	八人
③作戦だけ教えて武器は渡さない・戦闘にも参加しない	………一組	五人	二組	三人
④断る	………一組	五人	二組	七人
⑤その他	………一組	三人	二組	二人

①戦う

「せっかくインドネシア人と仲良くなったので戦うことになったのだから、インドネシア人と一緒に戦う」

「インドネシアに武器を渡してオランダ軍と戦う。理由はずっと仲良くしてきたインドネシア人を殺すなんてあまりにもひどくてできない。オランダ軍にばれてしまってもインドネシア人を助けたい」

「戦ってもし勝ったら、インドネシア人のためにもなるし、オランダを負かした日本！ということで世界に認められる」

「武器を渡すと違反になってしまうなら、わざと奪ってもらう。そして、自分たちを人質にしてもらって戦う」

当時、「わざと奪い取ってもらう」を実行した日本兵は本当にいました。

「もちろんインドネシア軍といっしょにオランダと戦います。今まで仲良くしてきたのに裏切るなんてできない。同じアジアとして協力しようじゃないか！独立をめざして頑張っている時期は私たちにもありました。独立がんばろう！」

「インドネシアといっしょに戦う。命令に従う弱い日本だと思われたくない」

②武器だけ渡して戦闘には参加しない
「規則を破るのはまずいので日本のためにこらえる。武器だけ渡す」

「日本はもう戦争に負けたのだから一緒には戦えないはず。しかし、自分たちで管理しているのだから武器を渡すことはできる。負けた日本軍の規則はもうなくなったのと同じと考えていい」

「武器を渡して作戦を作るのを手伝う。」

③作戦だけ教えて武器は渡さない・戦闘にも参加しない
「自分たちが処分されてしまうから武器は渡せない。一緒に戦ったら日本が滅ぼされてしまうかもしれない。一緒に戦うのは無理だけど作戦を教えるだけならできるかもしれない」

④断る

「真逆のことを悩んでいるので、インドネシア人を説得して、どちらの意見も実行できないことをわかってもらう」

「連合国軍の指示に従う。インドネシアを助けたいけど、今日本が連合国軍に逆らえば日本に影響が出てしまうかもしれないので危険だ」

⑤その他

「オランダ軍ともインドネシア軍とも戦わない。だから、日本軍の武器も譲らないし、オランダの敵にも味方にもならない」

「日本はオランダと戦いたくない。なんでも日本に助けを求めて欲しくない」

みなさんはどうお考えでしょうか。当時の日本兵の中には、非常に辛い選択をした方がたくさんいたのではないかと推察されます。インドネシアのために戦った人もいれば、祖国で自分を待つ家族のために帰国した人もいます。

独立戦争に参加した人たちもその理由はさまざまだったようです。独立の意義に賛同した人、戦犯として裁かれるくらいならと考えた人、帰国しても仕方がないと考えた人、すでにインドネシア人の女性と結婚していた人などです。

しかし、理由はどうあれインドネシア独立のために自分の人生を捧げた人たちです。

私たちは、他国のために自分を捧げた日本人がいたことを誇りに思い、語り継ぐべきなのではないでしょうか。

小野《おの》盛《さかり》＝ラフマット小野さんの場合

当時、すべてではありませんが、武器をインドネシア人に譲った日本軍の部隊がたくさんありました。「これまでインドネシア独立の手伝いをしてきたのに、今さらオランダが有利になるようなことはできない」と考えた日本人がたくさんいたのです。

小野さんも終戦後にインドネシアに残って、独立のためにインドネシア人と一緒に戦った一人です。武器を渡すだけでなく、小野さんのようにインドネシアに残って戦った元日本兵が約九百人～二千人いたと言われています。

小野盛さんは一九一九（大正八）年に北海道・富良野の農家に生まれ、二十才の時に軍隊に入隊しました。その後、南方方面を志願してインドネシアに出征し、現地の警備を務めました。危険な任務でしたが、インドネシア人とのふれあいもあり、小野さんはインドネシア人に親近感を覚えていきました。小野さんはインドネシアに残った理由についてこう言っています。

「インドネシアは、これだけ日本に協力して、日本が独立させるということになっていました。でも日本が独立させないで先に参っちゃって……わしはしゃくにさわったんです。日本はインドネシアの独立のためにやってきたんですから。日本軍の目の前でオランダ軍にインドネシアの国土がぼんぼん、ぼんぼん爆撃されて、どんどん、どんどんやられている。でもインドネシアの青年は、もう本当に勇敢で、どんどんやられているにもかかわらず戦う。これは可哀想そうだ。それで我々には義憤があります。日本が負けてインドネシアがこうなっている、それに対する義憤ですね。それで戦友と現地に行こうじゃないかと話しあった。我々としては、大東亜戦争というのは大東亜を解放するための戦争ですから。それならずして日本が負けちゃった。でもインドネシアが独立しようとしている、だから日本ができなかったことを、我々は本当に小さな力だけれど、彼らに示そうではないか、というわけで我々は戦った。だから日本の果たせなかったことを成功させようとしたというと、ちょっと話は大げさになりますけど、まあ、簡単に言えばそういうことになります。」

小野さんは「バンジャル・パトマンの戦い」という重要な戦いを指導して、インドネシア独立に大きな力を与えました。独立戦争後、小野さんはラフマット小野と名乗り、日本には帰らずにインドネシア人の女性と結婚して、インドネシア人として幸せな家庭を築いています。

右のラフマット小野さんのお話は、研究者の聞き取りに答えたものです（林英一『残留日本兵の真実　インドネシア独立戦争を戦った男たちの記録』作品社　七五～七六ページ）。

この小野さん自身の筆による自伝（林英一編著『南方軍政関係史料42　インドネシア残留日本兵の社会史―ラフマット・小野盛自叙伝』龍溪書舎）から当時の小野さんのようすをたどってみたいと思います。

日本の敗戦が決まり、イギリス軍が日本軍の武装解除のためにスラバヤに上陸して来ました。

〝元軍人も一般民衆も一丸となってごく僅かな小銃と竹槍を持って近代装備の英印軍に突進して

行きました。結果は言う迄も無く、多数の戦死者を出しての敗退でした。翌日には英印軍は夕刻より市中にある独立軍の本部攻撃を始めました。英印軍の砲撃砲に依る集中射撃です。砲火の集中で本部は焼け落ちましたが、脱出した群衆は、なおも遊撃を続けていました。私はこの状況を引越しした憲兵兵隊本部跡の窓より見ていたのですが、心中抑えきれず怒りに燃えていました。「何と言う事だ、あれ程真心を以て協力して呉れ、日本軍も亦《また》この協力者に対して、近い将来独立させると約束していたのに」。〃（二六ページ）

〝故郷の両親に何と伝えたら良いのでしょうか。参加の為に出て行ったと伝えれば両親の事、毎日私の無事を心配する事でしょう。ここは一気に私が死亡したと伝えれば其の当時は悲しむだろうが、時が経てば忘れることであろうと考えて帰郷する戦友に私の遺品として写真帖、髪の毛と手の爪とを筒に入れ、郷里に立ち寄り両親に届けて貰いたいと依頼しました。〃（二九ページ）

〝転属と決まった私達は市来さんと共にルビス少将の部屋で突然用件を話し出しました。「現在の様な戦法では、独立戦には勝てない、直ぐに『ゲリラ戦』に代えねばならぬ。市来さん以下君達は直ぐにもこのゲリラ戦参考書を作って貰いたい。場所は東部ジャワの『サランガン』ホテルムルデカ、直ぐに出発作業に取り掛かって貰いたい」。〟（三三二ページ　※筆者注・この引用文はねじれていてわかりにくいのですが、用件を話したのはルビス少将と思われます。）

オランダ軍部隊との戦闘中、ある山の民家にたどり着くと住民らが歓迎して夕食を準備してくれました。

〝私達は思いました。「明日からは何を食べるのだろう」と。考えてみれば、涙の出る様な有様です。貯蓄していた食物を全部無くして迄も、歓迎して呉れる村民に、「早く独立を完成させてこれらの人々に少しでも楽な生活をさせてあげたい」と、切実な思いを抱きました。〟（二九八ページ）

痛いほどに純粋で、正義感にあふれる若い日本兵の姿が目に浮かびます。なお、小野さんは擲《てき》弾筒《だんとう》を発射させた時の事故で左腕を失っています。

■子どもたちの感想

＊小野さんが大事な戦いを指導したからインドネシアに大きな力が伝わり、よかったと思う。左腕をなくしたぐらい必死に指導したことがよく分かります。日本人の多くがインドネシアに武器を渡してよかったと思った。

＊人にはいろいろな感情があって、すべての人たちは助け合って生きているな、と思った。植民地を抜け出した国があってすごいなと思った。

＊今日の問題は、とても悩んだけど、小野さんや当時の日本人もとても悩んだと思う。答えはいろいろだけど、インドネシア人に武器を渡し、一緒に戦った兵士はインドネシアの人々ととても仲良しだったのだろう。

＊日本はあきらめてない！って感じが伝わってきました。

＊小野さんの言葉を読むと、インドネシアに大きな力をあげていたことがわかる。これはインドネシアへ日本からの最高のプレゼントだと思う。今もインドネシアに鉄道を輸出しているけど、何か関係があるのかな？

＊日本人は本当に思いやりのある人たちがほとんどですね。私は当時の日本人たちにとても感心しました。インドネシアも独立できてよかったです。
＊小野さんは、国籍や名前を変えてまでインドネシアのために戦って勇敢だと思います。そこまでして他国のためになかなかできることではないと思います。インドネシアなどの植民地の人たちも、独立のために命までねらわれて行動してるのはすごいと思いました。
＊今日の学習では、インドネシアの人と昔の日本人の勇気と思いやりにとても感動しました。日本人は連合国軍に何を言われてもインドネシアを助けた、ということはとてもすばらしい。
＊すごく迷いました。私が当時の兵隊さんだったら、小野さんのように勇気ある行動は起こせなかったと思います。インドネシアは遠く感じていたけど、学習を終えて親近感を覚えました。
＊小野さんの勇気に感動しました。日本は裏切らない国だと思いました。
＊日本がアジアのために戦ったというのにとても感動しました。日本は戦争で負けてしまいましたが、日本軍はとても勇敢でした。

現在もテレビに出演することがあるデヴィ夫人の夫こそインドネシア独立運動のリーダーで後に初代大統領となったスカルノです。スカルノの夫人であるラトナ・サリ・デヴィ・スカルノさんは次のように言っています。

「スカルノ大統領は、植民地時代に十三年間投獄され流刑に遭っていました。それを日本海軍によって救い出されたのでした。スカルノ大統領は戦時中に今村均将軍はじめ多くの日本の軍人たちに会い、日本人の規律正しさと勤勉さに感銘を受け、日本を敬い、日本人に好意を寄せていらっしゃいました。それほど、彼らは威厳に満ち、威風堂々としていたのだと思います。だからこそ、『独立宣言書』に西暦ではなく日本の皇紀を使ったのです。一九四五年ではなく、〇五年と記しました。これは皇紀二六〇五年を意味しています。」

「独立宣言をしたスカルノ大統領はインドネシア語を公用語にしました。これはスカルノ大統領がなさった偉業のひとつです。インドネシア人が国民としてひとつになるために大変重要な事でした。日本軍は学校を作り日本語を教えていました。そして、新聞を発行。「ジャワかな新聞」といって、全部ひらがなの新聞でした。そのため、インドネシアの昔の人は皆、日本語を話し、軍歌を唄っていました。」

『インドネシアの人々が証言する日本軍政の真実』桜の花出版　（二七一ページ）によれば、スカルノは官邸でパーティがあるといつも日本の軍歌を歌っていたと言います。

なかでも『愛国の花』がお気に入りで、この曲に自分でインドネシア語の歌詞をつけ『Ｂｕｎｇａ　Ｓａｋｕｒａ（桜の花）』という名でパーティの最後に日本語とインドネシア語と両方で歌っていたそうです。

その歌詞をここに紹介します。

美しく輝く桜の花　それは、日本で咲誇り　日本の人々から愛されている
我らインドネシア人もムラティ（ジャスミン）の花を愛しているように
美しい花をめでる心　それが、我らアジアは一つだという証だ

この短い歌詞の中に日本とインドネシアの友情が見えます。

昭和天皇《しょうわてんのう》

一九〇一～八九。日本の第一二四代天皇。諱《いみな》は裕仁（ひろひと）。在位　一九二六（昭和元）年十二月二十五日～一九八九（昭和六十四）年一月七日。

終戦直後のマッカーサーとの会見にのぞむ
―昭和天皇になって何を語られたのかを考えてみる

八月十五日、終戦。日本は焦土と化し、国民の貧困生活が始まった。
連合国からは「天皇を死刑にせよ」の声が上がっている。
そんな中、昭和天皇はマッカーサーとの会見にのぞんだ。
この会見で昭和天皇は何を語ったのか？

まじめで誠実《せいじつ》なお人柄

天皇として即位《そくい》された後の、一九三一（昭和六）年十一月のことです。天皇は、九州の鹿児島から軍艦に乗って東京に戻るとき、夜になって暗くなった海に向かい、一人、敬礼をしていました。お付きの者が見つけ、不思議に思って海の向こうを見ると、遠い薩摩《さつま》半島の海岸にかがり火の列が見えました。それは天皇の軍艦を見送るために住民たちが焚《た》いたかがり火でした。天皇は住民たちに敬礼していたのです。

昭和天皇が即位された時期、日本は満州をめぐり、中国大陸で大きな危機を迎えていました。天皇は各国との友好と親善を心から願っていましたが、時代は国家間の紛争へと向かっていました。

天皇はたとえそれが自分の考えと違っていても、政府が決定したことは認める、という立憲君主制のきまりを固く守っていました。

しかし、大東亜戦争（太平洋戦争）の終戦を決めるとき、昭和天皇はご自身の考えを強く表明したのです。

会議の席で「天皇を守り、本土決戦で最後まで戦いたい」と主張した者に対して、昭和天皇は静かに言われました。

「気持ちはよく分かる。しかし、わたし自身はいかになろうとも、わたしは国民の生命を助けたいと思う」

戦争で負ければ、昭和天皇は責任を追及《ついきゅう》されて死刑になる可能性もあったのです。しかし、昭和天皇のこの決断で日本は降伏《こうふく》を決めました。

マッカーサーの来日

一九四五年八月十五日に、日本は連合軍のポツダム宣言を受け入れて降伏しました。

終戦直後の日本は米軍の空襲《くうしゅう》で一面の焼け野原になり、住む家もありませんし、食べるものもままなりません。人々は寄せ集めの材料で作ったバラック小屋で寝泊まりし、やっと雨つゆをしのいでいました。

天皇がお住いになっている皇居も例外ではなく、空襲で一部が破壊されていました。皇居でさえこんな状態でしたから、国民の生活の貧困はひどいものでした。

こうした中、八月三十日。

アメリカのマッカーサー元帥《げんすい》が、日本を占領《せんりょう》する連合国の代表として日本にやってきました。

マッカーサーはさっそく日本の軍隊を武装解除し、占領軍による統治を宣言しました。これから日本はもう自分のことを自分で決められません。すべて占領軍に言われたとおりにしなければならないのです。

日本が他の国に占領されたのは、長い歴史の中で、このときだけです。占領は七年間も続きました。

ここからがシミュレーションです。

このような状況の中で昭和天皇がどのように考え、行動されたのかを追体験してみましょう。

取り上げるのは昭和天皇とマッカーサーとの会見です。

この場で昭和天皇が何を語られたのかを考えることで、わが国の天皇と国民の関係を考えてみましょう。

■シミュレーション

昭和天皇になって何を語られたのかを考えてみる

では、ここでシミュレーションです。

終戦直後の昭和天皇の立場になって考えてみて下さい。

連合軍は日本人から戦争犯罪人を決めて裁判をしようと考えていました。

戦争の罪をすべて負けた日本に押しつけ、自分たちは正義のために戦ったのだと宣伝しようと考えたのです。こうして戦争中の日本の首相や軍人を二十八人も逮捕して東京裁判を開くことを決めました。

さて、このころ連合国ではこんな話が持ち上がっていました。

「われわれと戦争を始めた国のうち、ドイツはヒトラーが、イタリアではムッソリーニが独裁者になって戦争を起こした。日本ではきっと国の代表である昭和天皇が独裁者のようにふるまって戦争を起こしたにちがいない。日本の昭和天皇を裁判にかけて絞首刑にする必要がある。」

この「天皇を死刑にしろ！」という声は日増しに高まっていきました。

こうした中、昭和天皇は自分から出かけてマッカーサーに会うことを決めました。

昭和天皇はマッカーサーに会ってどんな話をしたのでしょうか？

昭和天皇になって、あなたの予想を書いてみて下さい。

子どもたちから出てきた主な意見を見てみましょう。

東京裁判との結びつき

「自分はどうなってもいいから戦犯の二十八人を解放してくれ。その二十八人に罪はない」

東京裁判の被告と引き替えに自分を死刑にしてくれ、と言ったのではないかという予想です。

国民生活との結びつき

「私はこの国の天皇です。すべての責任は私にあります。私はどうなっても構いませんが、国民には罪はありません。国民は助けてください」

「死刑になる覚悟はできている。責任は取るが、戦争に耐えてきた国民は自由にして欲しい」

「昭和天皇は国民を愛する人だから、自分はどうなってもいいから国民だけは苦労をさせないでほしい、と言った。最後まで国民を守ったと思う」

「マッカーサーに、私には何をしてもいいが、民には何もしないでくれと頼んだ」

これが一番多かった意見です。
昭和天皇の人柄に最も近い意見と言えるでしょう。

気概《きがい》を見せる

「自分を殺すかわりに、この国から出ていってくれ」
「確かに、こうなる前に戦争をやめなかったのは私の責任だ。しかし、私は独裁者ではない。罪は受けるが死刑になるつもりはない」

マッカーサーと「刺し違える」という気骨《きこつ》のある意見です。
戦争に負けても決して卑屈《ひくつ》にならない心意気が感じられます。

無実を追求する

「マッカーサーに、自分は無実であることを伝えに行った。それでも受け入れられなければ、話し合いをする必要があると言ったのではないか」

これも自分は間違ったことはしていない、という信念を貫き通す意見です。

マッカーサーの驚き

昭和天皇はマッカーサーに会うと、次のように話したと言われています。

「私はこの日本を代表する者としてあなたに会いに来た。今度の戦争についての責任はすべて私にある。私は死刑になってもかまわない。ほかの者たちに責任はないので許してほしい。そして、どうか国民が生活に困らぬように連合国から援助をお願いしたい。」

マッカーサーは昭和天皇のこの言葉を聞いて驚き、そして感動しました。

なぜなら、「死刑にすべし」の声まで出ている今、きっと「命を助けてほしい」と頼みに来るにちがいない、と思っていたからです。ふつうはどの国でも、戦争に負ければ、その国の代表者は「命を助けてほしい」と命乞いをしたり、国民を放り出してあわてて他の国へ逃げ出したりすることが多いものなのです。ですから、マッカーサーは昭和天皇もそうするにちがいないと思っていました。

ところが昭和天皇は「自分のことはどうなってもいい。国民を助けてほしい」と言うのです。これを聞いて、マッカーサーは「なんとりっぱな人物なのだろう」と天皇の勇気ある言葉に感動したと言っています。

さらに、昭和天皇は大きな風呂敷包《ふろしきづつみ》を差し出して、こう言いました。


「わずかばかりだが、ここに皇室の財産の一部を持参した。国民の援助のために使ってほしい。」


マッカーサーはこれを見ると突然立ち上がり、昭和天皇の前に進み出て手を握り、「私はあなたのような人を初めて見た」と述べたと言われています。

その後、マッカーサーは「このようなりっぱな人を死刑にするわけにはいかない」と考えました。また、死刑にすべしと言う人たちには「もし昭和天皇を殺したりすれば、天皇を慕《した》う日本人は黙ってはいない。ゲリラ戦がはじまり、少なくともあと一〇〇万人のアメリカ兵が死ぬことになるかもしれない」と警告しました。

こうして昭和天皇を「裁判にかけろ」という声はなくなっていきました。

会見の詳しいようすはマッカーサー本人の回想録や当時のアメリカ側、日本側の記録によって知ることができます。

まずはマッカーサー本人の回想です。

「私は天皇が、戦争犯罪者として起訴《きそ》されないよう、自分の立場を訴えはじめるのではないか、という不安を感じた。連合国の一部、ことにソ連と英国からは、天皇を戦争犯罪者に含めろという声がかなり強くあがっていた。現に、これらの国が提出した最初の戦犯リストには、天皇が筆《ひっ》頭《とう》に記されていたのだ。」

(ダグラス・マッカーサー著　津島一夫訳『マッカーサー大戦回顧録(下)』中公文庫二〇一ページ)

マッカーサー自身も昭和天皇が「命乞い」をするだろうと予想していたことが分かります。

「しかし、この私の不安は根拠のないものだった。天皇の口から出たのは、次のような言葉だった。『私は、国民が戦争遂行《すいこう》にあたって政治、軍事両面で行なったすべての決定と行動に対する全責任を負う者として、私自身をあなたの代表する諸国の裁決にゆだねるためおたずねした』私は大きい感動にゆすぶられた。死をともなうほどの責任、それも私の知り尽している諸事実に照らして、明らかに天皇に帰すべきではない責任を引受けようとする、この勇気に満ちた態度は、私の骨の髄《ずい》までもゆり動かした。私はその瞬間、私の前にいる天皇が、個人の資格においても日本の最上の紳士であることを感じとったのである。」（同　二〇二〜二〇三ページ）

予想は外れ、マッカーサーは昭和天皇のお人柄に強く感動しています。しかも、その責任感と勇気ある態度に、骨の髄までもゆり動かされたのです。

では、小堀桂一郎《こぼりけいいちろう》さんの著書（『昭和天皇』ＰＨＰ新書）で紹介されている他の記録も見てみましょう。

「すべての事は私の名のもとになされたのだから私が全責任をとる。だから、東郷《とうごう》や東條《とうじょう》や重光《しげみつ》らを罰《ばっ》さずに、私を罰せよ。」

これはマッカーサーの副官で専任の通訳だったフォービアン・パワーズの証言です。ただし、パワーズは会見には立ち会っていません。会見後にマッカーサーから聞いた話のようです。（三一八ページ）

「敗戦に至った戦争の、いろいろの責任が追及《ついきゅう》されているが、責任はすべて私にある。文武《ぶんぶ》百官は、私の任命するところだから、彼らには責任はない。私の一身は、どうなろうと構わない。私はあなたにお委《まか》せする。このうえは、どうか国民が生活に困らぬよう、連合国の援助をお願いしたい。」

これは当日、アメリカ大使館まで随伴《ずいはん》した藤田尚徳《ふじたひさのり》侍従長の備忘録《びぼうろく》に書かれています。（三一九ページ）

「今回の戦争の責任は全く自分にあるのであるから、自分に対してどのような処置をとられても異存はない。次に戦争の結果現在国民は飢餓《きが》に瀕《ひん》している。このまゝでは罪のない国民に多数の餓死者が出るおそれがあるから、米国に是非食糧援助をお願いしたい。こゝに皇室財産の有価証券類をまとめて持参したので、その費用の一部に充てゝ頂ければ仕合せである」と陛下が仰《おお》せられて、大きな風呂敷包を元帥の机の上に差し出された。それまで姿勢を変えなかった元帥がやおら立上って陛下の前に進み抱きつかんばかりにして御手を握り、「私は初めて神の如き帝王を見た」と述べて陛下のお帰りの時は、元帥自ら出口までお見送りの礼をとったのである。」（三二〇ペー

ジ）

これは会見で通訳を務めた奥村勝藏《おくむらかつぞう》の証言です。「奥村元外務次官談話記録」として残されています。

マッカーサー本人も含めて四人の証言を見てきました。若干《じゃっかん》の違いはありますが、ほぼ同じ内容の証言がなされていることが分かります。

天皇と国民の固い絆《きずな》

こうして連合国による「昭和天皇を処刑しろ」という声はなくなっていきましたが、それにはマッカーサーだけでなく、日本国民の声も大きな力として作用していたという意見もあります。

歴史学者の秦郁彦さんによれば、アメリカ国立公文書館には「天皇ヒロヒト」と分類されたファイルがあり、そこには終戦の年の十二月から一月にかけて日本全国からマッカーサー宛に差し出された千通以上の手紙、ハガキの束が残されているそうです。

その内容は天皇を戦犯《せんぱん》にしないでほしいという陳情《ちんじょう》なのです。

一部を紹介します。

「天皇を裁判してはいけません」（山形県、長谷部ハル子）

「天皇の裁判はお許し下さいますよう御願い申しあげます」（大分県、深田スエ子）

「天皇陛下の戦争犯罪を特別の御情《おなさけ》を持ち御許し下さるよう伏して懇願《こんがん》奉《たてまつ》り候」（大分県、小野太郎）

秦さんは次のように述べています。

「昭和五十三年夏、公文書館を訪れた筆者は、まる二日を費《ついや》してこの手紙の山を読むのに没頭《ぼっとう》したが、三十数年を経てなおなまなましく訴えてくる熱気に打たれた。敗戦直後の混乱期で、その日の糧《かて》もおぼつかない苦難の時期だったにもかかわらず、彼らの多くが住所・氏名を明記し、飾り気のない表現で、新しい主権者である「マッカーサー司令官殿」に向って、切々と語りかけているのだ。」（秦郁彦『昭和天皇五つの決断』文春文庫　一八二〜一八三ページ）

当時の各新聞社の世論調査によれば九割以上の国民が天皇制存続に賛成でした。

マッカーサーはこうした日本国民の声を無視することができなかったのでしょう。無視できないどころか、マッカーサーを動かした理由の一つは、「天皇を守ろうとして立ちあがる日本の民衆への恐怖ではなかったか」と秦さんはまとめています。

昭和天皇と日本国民の結びつきの強さを感じます。

マッカーサーも日本国民も昭和天皇の人柄と行動に対して「敬愛の念」を持ち、それが最悪の事態を回避させたのです。

戦後の焼け跡からの復興《ふっこう》は、当時の日本国民一人一人の力とその団結の力にあると思いますが、国民の力を結集させたのは、昭和天皇の存在ではないでしょうか。

マッカーサーとの対面から五ケ月たった昭和二十一年(一九四六年)二月。

昭和天皇は、苦しんでいる国民を少しでも励《はげ》ましたいと考えて、全国をまわること(巡幸《じゅんこう》)を決めました。巡幸は二月に川崎・横浜・三浦半島・東京都内、三月に群馬・埼玉、六月に千葉・静岡、十月に愛知・岐阜、十一月に茨城と続きました。巡幸は昭和二十九年まで続けられ、訪問先は一四一一か所にもなりました。

■子どもたちの感想文

＊歴代の天皇たちは、とても勇気のある人たちが多いと思った。連合国軍に国民を心配していることを伝えて、天皇の財産まで渡して、そこまで国民を大事にしてくれる人物だったとは驚いた。

＊昭和天皇は自分ではなく国民を第一に考える天皇としての責任感の強い方だということが分かりました。全国をまわり、国民を励まそうとした優しさのある方でもあることも分かりました。

＊昭和天皇は優しすぎる。もう神みたいな存在。そんな人を「死刑にしろ」なんて言う人はこの事実を知ったらひざまづいて謝ると思う。

＊昭和天皇がどれだけ国民を愛しているか分かりました。「自分の命はどうなってもいい、国民を助けてあげて」という言葉を聞いて、この人はすごいと思いました。

＊私は最初は「さすがに最初から自分はどうなってもいい、なんて言うのは人がよすぎるだろう」と思っていたのですが、昭和天皇はすごいですね。いい人です。だから昭和は六十何年も長く続いたんですね。そして、マッカーサーも、感動して死刑をやめたっていうな

ら、本当はいい人なんじゃないかと思います。
＊昭和天皇ってすげー！
＊昭和天皇はとても勇気があって立派な人ということが分かった。このような人がいなければ今の日本の平和はなかったかもしれないと思いました。天皇がご巡幸をしてとても優しい人だということがよくわかった。
＊私は今日の勉強をして昭和天皇はとても器が大きいと思いました。自分の命まで捨てて国民を助けてほしいと言いに行ったと知ってびっくりしました。そして、全国を回ることが今の日本にも受け継がれていると知ってうれしかったです。
＊今日の学習では昭和天皇の人柄や国民をどれだけ愛しているかなど、いろいろなことが分かり楽しかったです。昭和天皇はとても勇気があり、とても国民のことが好きだったことが分かりました。漫画みたいな話が本当にあった事だと思うと、とても誇りに思います。

あとがき

「現に生きている人と会うように、史上の人物とつきあわねばならぬ。」


これは昭和期の文芸評論家・亀井勝一郎の言葉です。

亀井は私たちが歴史を学ぼうとするときの動機は二つあると言っています。

ひとつめは、自分の「生」の源泉を見つけたいという欲求です。これは民族性と時代の流れの中に自己のアイデンティティを確認したいという気持ちのことです。

ふたつめは、歴史上の人物と「邂逅」＝出会い、自分の生き方を探る上での指針にしたいという欲求です。この時に人間への興味がわき、歴史への愛情が生まれます。

つまり、自分は何者なのか、そしてこれからどう生きていくべきなのか—歴史はこの二つを教えてくれるものだと言っていいでしょう。

では、亀井はこの二つの欲求を満たす歴史の学び方はどうあるべきだと言っているのでしょうか。

亀井は、学ぶ対象である歴史は人間が主役であるべきだということを強調しています。そして歴史を追体験することを提唱し、次のように言っています。

「あらゆる時代の人間は、善悪是非はあるが、その時代を彼なりに精一杯に生きそして死ぬ。その運命を直視せよと言いたい。もし自分がその時代その環境に生きたなら、自分はどうであったかという「追体験」の上に立って判断すべきではないか。」（「現代歴史家への疑問―歴史家に「総合的」能力を要求することは果して無理だろうか」『文芸春秋』第三四巻三号　一九五六年三月）

歴史上の人物になってみる、という本書の各エピソードは、亀井勝一郎の言う追体験の具体化です。

人物中心で追体験をメインにした歴史の授業を一年間受けた六年生が卒業間際に書いた感想文をほんの一部ではありますが紹介します。

◆歴史上の人物は、ぼくたちが「こうじゃないの？」「いやいやこれでしょう」という予想を裏切り、意外な行動に出て、ぼくたちをビックリさせました。まるで、ドラマのような感じでした。ぼくたちは、社会の時間になると、すごく楽しい気持ちになりました。それは、歴史の魅力にぼくたちがひかれていたのかもしれません。

◆ぼくたちのご先祖様たちは、ぼくたちのためにここまでして、とてもすばらしい暮らしやすい国にしてくれた人たちですから、とても頭のよい、人の気持ちを考えて行動する人たちだったにちがいない。ご先祖様に感謝の言葉しかありません。この歴史の勉強で日本人は勇気がある人間なんだと分かりました。

◆ぼくは、この社会の勉強で今までの人たちの努力や思いなどを知りました。どの人も日本のことを考えていて感動しました。これからは今までの人たちに感謝し、今までの人たちの思いを胸に生きていきたいです。

◆今までの歴史の人物全員が日本の危機に立ち向かって戦ったりして命を落とすこともあって、みんな強い人なんだ、全部の危機に立ち向かってすごいなと思った。今の平和な日本があるのは、この危機に立ち向かっていって、勝ったから今があるんだと思う。私は歴史を勉強して、昔の日本の動きをただ勉強したのではなく、人はがんばれば、こんなこともできる、気持ちが強ければ何でもできるんじゃないのかなと先のことも考えられた。私はこれから危機や大変なことが起こったりしたら、歴史上の人物を思い出して、行動できるようになりたい。

◆自分たちのご先祖様は、人それぞれ運がいいとか、頭がいいとか、言ったことをなしとげるとか……すばらしいいろいろな能力をもっていた人が多かったです。それにみんな日本のためなら自分は死んでもいいとか自分には絶対言えないこと、出来ないことを言っている、やっているのがすごいかっこよかった。これは本当に感謝しなきゃいけないなと思う人たちばかりだった。私は、この日本の歴史から、言ったことをなしとげる↓努力をする、日本のためを思う↓周りの人のことを考える、ご先祖様はみんなで協力してこの今の日本を作り上げてきた↓協力する、ことを学びました。

これらの感想を読むと、歴史を学ぶことの魅力を見つけている子がいることがわかります。追体験した中での自分の決断と歴史上の人物の決断とを比較することで、亀井の言う人間への興味と歴史への愛情が生まれています。

ご先祖様への感謝の心が生まれている子もいます。現代に生きる自分たちの生活とご先祖様の成し遂げたことがつながり、今の自分たちの暮らしは、自分と同じ日本人のご先祖様の力で築かれたものであることを体感したのです。

私心を捨てて自分の国のことを考えている先人の姿に素直に心打たれている子もいます。これが健全なナショナリズムというものでしょう。

そして、歴史上の人物と「邂逅」している子がいます。現に生きている人と会うように、史上の人物とつきあっているのです。そして、目の前にいる歴史上の人物から、危機に立ち向かう強さ、努力をすること、周りの人のことを考えること、協力することを学んでいます。歴史上の人物と自分の生き方とを重ね合わせています。

どの子もご先祖様の姿に感動し、同じ日本人としていかに生きるべきかを考え始めているのです。

歴史上の人物に「なってみる」体験＝追体験は、自分は何者なのか、そしてこれからどう生きていくべきなのか、を教えてくれます。

最後になりましたが、本書の執筆を勧めていただき、且つこれまで歴史研究・授業研究について一貫してご指導いただいた藤岡信勝先生及び自由主義史観研究会の理念を引き継いで生まれた授業づくりＪＡＰＡＮの皆様に心より感謝を申し上げます。また、本書の執筆中、筆者を支え見守ってくれた妻に心から感謝します。

平成三十年四月二十八日

安達　弘

◇主な参考文献一覧

1　仁徳天皇

・宇治谷孟『日本書紀（上）全現代語訳』（講談社学術文庫）
・中井正弘『仁徳陵ーこの巨大な謎』（創元社）
・広瀬和雄『古墳時代像を再考する』（同成社）
・広瀬和雄『前方後円墳の世界』（岩波新書）
・松木武彦『古墳とはなにかー認知考古学からみる古代』（角川学芸出版）
・一瀬和夫『古墳時代のシンボル・仁徳陵古墳』（新泉社）
・上田宏範校注・監修『日本古墳文化論ーゴーランド考古論集』（創元社）

2　聖武天皇

・宇治谷孟『続日本紀（上）全現代語訳』（講談社学術文庫）
・森本公誠『聖武天皇　責めはわれ一人にあり』（講談社）
・遠山美都男『彷徨の王権　聖武天皇』（角川書店）
・瀧浪貞子『帝王聖武』（講談社）
・中西進『聖武天皇　巨大な夢を生きる』（ＰＨＰ新書）
・武澤秀一『大仏はなぜこれほど巨大なのか　権力者たちの宗教建築』（平凡社新書）

3 藤原道長

・倉本一宏『藤原道長の日常生活』（講談社現代新書）
・倉本一宏『藤原道長の権力と欲望「御堂関白記」を読む』（文春新書）
・倉本一宏『平安貴族の夢分析』（吉川弘文館）
・山中裕『藤原道長』（吉川弘文館）
・繁田信一『平安貴族と陰陽師　安倍晴明の歴史民俗学』（吉川弘文館）

4 源頼朝

・堺屋太一『日本を創った12人　前編』（ＰＨＰ新書）
・河内祥輔『頼朝がひらいた中世　鎌倉幕府はこうして誕生した』（ちくま学芸文庫）
・安田元久『源頼朝　新訂版　武家政権創始の歴史的背景』（吉川弘文館）
・高橋典幸『日本史リブレット人　〇二六　源頼朝　東国を選んだ武家の貴公子』（山川出版社）
・奥富敬之『源頼朝のすべて』（新人物往来社）

5 北条時宗

・森本繁『北条時宗の決断「蒙古襲来」を歩く』（東京書籍）
・黒田俊雄『日本の歴史8　蒙古襲来』（中央公論社）
・永井路子他『時宗の決断　国難・蒙古襲来にどう対処したか』（中公文庫）
・川添昭二『北条時宗』（吉川弘文館）
・奥富敬之『北条時宗―史上最強の帝国に挑んだ男』（角川書店）

6　織田信長
・太田牛一著　中川太古訳『現代語訳　信長公記』（中経出版　新人物文庫編集部　KADOKAWA発行）
・ルイス・フロイス著　松田毅一・川崎桃太訳『完訳フロイス日本史③安土城と本能寺の変―織田信長篇Ⅲ』（中公文庫）
・堺屋太一『日本を創った12人　前編』（PHP新書）
・小島道裕『信長とは何か』（講談社）
・千田嘉博『信長の城』（岩波新書）
・田中圭一『百姓の江戸時代』（ちくま新書）
・堺屋太一ほか『信長―「天下一統」の前に「悪」などなし』（プレジデント社）
・井沢元彦『逆説の日本史10戦国覇王編』（小学館文庫）
・滋賀県安土城郭調査研究所編著『安土城・信長の夢　安土城発掘調査の成果』サンライズ出版株式会社）

7　豊臣秀吉
・藤木久志『刀狩り』（岩波新書）
・藤木久志『豊臣平和令と戦国社会』（東京大学出版会）

8　徳川家康
・黒嶋敏『天下統一―秀吉から家康へ』（講談社現代新書）
・井沢元彦『逆説の日本史12近世暁光編』（小学館文庫）
・M・アームストロング『アメリカ人のみた徳川家康』（日新報道）

- 進士慶幹『近世武家社会と諸法度』（学陽書房）

9 杉田玄白

- 責任編集 芳賀徹『日本の名著22杉田玄白 平賀源内 司馬江漢』（中央公論社）
- 片桐一男『知の開拓者 杉田玄白―『蘭学事始』とその時代』（勉誠出版）
- 片桐一男『杉田玄白』（吉川弘文館）

10 高杉晋作

- 一坂太郎『高杉晋作の「革命日記」』（朝日新書）
- 一坂太郎『高杉晋作 情熱と挑戦の生涯』（角川文庫）
- 梅溪昇『高杉晋作』（吉川弘文館）

11 伊藤博文

- 瀧井一博『伊藤博文』（中公新書）
- 八木秀次『明治憲法の思想 日本の国柄とは何か』（PHP新書）
- 鈴木博之『日本の〈地霊《ゲニウス・ロキ》〉』（講談社現代新書）

12 小村寿太郎

- 岡崎久彦『小村寿太郎とその時代』（PHP研究所）

・金山宣夫『小村寿太郎とポーツマス　ロシアに「外交」で勝った男』（PHP研究所）
・片山慶隆『小村寿太郎』（中公新書）
・ピーター・E・ランドル著　倉俣・トーマス・旭／佐久間徹訳『ポーツマス会議の人々　～小さな町から見た講和会議～』（原書房）
・吉村昭『ポーツマスの旗』（新潮文庫）
・安達弘『人物学習でつくる歴史授業　近現代史のキーパーソンをこう取り上げる』（明治図書）

13 新渡戸稲造

・新渡戸稲造全集編集委員会編『新渡戸稲造全集第四巻』（教文館）
・『新渡戸稲造研究第十二号』（（財）新渡戸基金）
・富岡幸一郎『新大東亜戦争肯定論』（飛鳥新社）
・佐藤全弘『新渡戸稲造の精神』（教文館）

14 大東亜戦争（太平洋戦争）

・池田清編・太平洋戦争研究会著『【図説】太平洋戦争』（河出書房新社）
・東條由布子『大東亜戦争の真実―東條英機宣誓供述書―』（ワック株式会社）
・中嶋猪久生『石油と日本―苦難と挫折の資源外交史』（新潮選書）
・ジェフリー・レコード著　渡辺惣樹訳『アメリカはいかにして日本を追い詰めたか』（草思社）
・清瀬一郎『秘録　東京裁判』（中公文庫）

・佐藤民男「授業記録　日米開戦の原因を探る！」（『自由主義史観研究会会報第31号』平成11年2月25日）

15 **インドネシア独立**

・田中正明『アジア独立への道』（展転社）
・髙山正之『白い人が仕掛けた黒い罠―アジアを解放した日本兵は偉かった』（ワック株式会社）
・林英一『残留日本兵の真実　インドネシア独立戦争を戦った男たちの記録』（作品社）
・林英一編著『南方軍政関係史料42インドネシア残留日本兵の社会史―ラフマット・小野盛自叙伝』（龍溪書舎）
・桜の花出版編集部編『インドネシアの人々が証言する日本軍政の真実』（桜の花出版）
・中村粲『インドネシア紀行』（展転社）
・茂木正朗『親日指数世界一の国！インドネシアが選ばれるのには理由がある』（日刊工業新聞社）
・監修：國廣道彦　執筆：永井重信　編集協力：外務省南部アジア部『日本・インドネシア関係50年史』（日本・インドネシア友好年実行委員会）

16 **昭和天皇**

・小堀桂一郎『昭和天皇』（ＰＨＰ新書）
・秦郁彦『昭和天皇五つの決断』（文春文庫）
・ダグラス・マッカーサー著　津島一夫訳『マッカーサー大戦回顧録（下）』（中公文庫）

※引用文には、もともとふられているルビに加え、読みやすさを考慮して適宜ルビをふっています（筆者）。

安達　弘（あだち ひろし）

昭和３６（１９６１）年、東京都生まれ。

茨城大学教育学部教育学科卒業。横浜市公立小学校主幹教諭。

楽しくわかりやすい授業づくりと歴史人物学習の教材開発などに取り組む。

元自由主義史観研究会理事。現在、授業づくりＪＡＰＡＮ<横浜・小学校>代表。

著書に『人物学習でつくる歴史授業　近現代史のキーパーソンをこう取り上げる』（明治図書）。共著に『子どもが動く社会科授業』（学事出版）、『教科書が教えない歴史』１～４巻（産経新聞社）、『国境の島を発見した日本人の物語』（祥伝社）などがある。


あなたならどうする？

歴史人物になってみる日本史

平成３０年６月１４日　第１刷発行

著　者　安達 弘

発行者　斎藤 信二

発行所　株式会社 高木書房

〒１１６－００１３
東京都荒川区西日暮里 5-14-4-901
電　話　　０３－５６１５－２０６２
ＦＡＸ　　０３－５６１５－２０６４
メール　　syoboutakagi@dolphin.ocn.ne.jp
装　　丁　株式会社インタープレイ
印刷・製本　株式会社ワコープラネット
乱丁・落丁は、送料小社負担にてお取替えいたします。
定価はカバーに表示してあります。

ISBN978-4-88471-809-1 C0037